조종현, 박미지, 김승길 지음

BM (주)도서출판 성안당

저자 소개

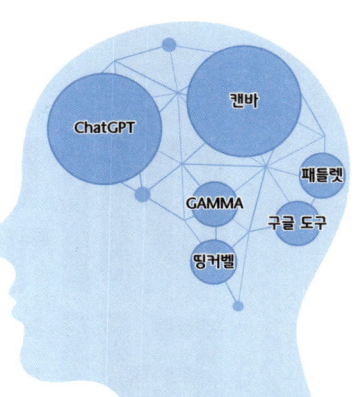

조수석샘

조종현

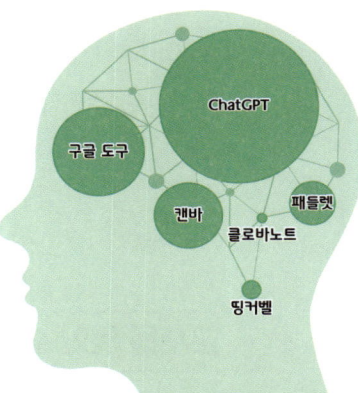

미지샘

박미지

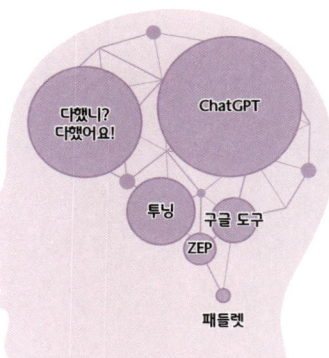

승길샘

김승길

- 전국 현장교육연구대회 1등급(푸른기장)
- (현) 경기도중등수석교사회 부회장
- 용인교육지원청 Y-에듀하이 디지털 교육혁신 지원단(2025)
- 대한민국 학교체육대상 '고등학교 체육수업내실화 부문'(교육부장관/교육부, 2020)
- 모두가 함께하는 안전교육동영상 '나/침/반 5분 안전교육' 개발팀(경기도교육청, 2025)
- 교과서 집필(총 5회-동아출판, 성안당 등)

- 목정미래재단 미래교육상 최우수상(2025)
- 대한민국 교육혁신박람회 중등미래교실 기획(2024)
- 제 17회 교육정보화연구대회 장관상(2023, 전국수석입상자)
- 교사학습공동체 우수콘텐츠 장관상(2024)
- 한국과학창의재단 찾아가는 학교 컨설팅 교안 개발(2024, 2025)
- 교육부 전국단위 수업평가 연구회 T.R.I.P.O.D. 연구회원(2024, 2025)

- 올해의 수업 혁신 교사상(교육부장관상, 2024)
- 과학의 날 기념 우수과학교사 표창(과학기술정보통신부장관, 2024)
- 과학교사동아리 연구활동 우수상(교육부장관상, 2024)
- 대한민국 교육혁신 박람회 수업 사례 나눔(2024)
- 디지털 창의역량 교육 활성화 유공 표창(경기도교육감, 2023)
- 과학교육연구대회 금상(교육부장관상, 2022)

머리말

> **" 동료의 손을 잡고
> 함께 가야 합니다. "**

　디지털과 AI를 비롯한 다양한 에듀테크를 활용해 수업 준비 및 진행을 하는 선생님들이 학교 현장에서 많이 목격되고 있습니다. 아니, 무지 많지요. '여러 에듀테크 관련 툴 사용이 어렵지 않아요! 용기를 내어 도전해 보세요.'라며 지속적으로 새로운 것들을 배우면서 앞질러 달립니다. 시간을 내어 알아보고 찾아보면 누구나 쉽게 할 수 있다고 말하지만, 누군가에게는 나의 치부를 드러내면서까지 질문하고, 그 길 위에 발을 들여놓는 자체가 어려운 것이 사실입니다.

　우리 교육계에 종사하는 가족들에게 작은 도움을 드리고 싶었습니다. '하다가 보면 되더라고요, 쉽고 간단해요.'와 같은 막연함이 아니라, 이 한 권의 책을 찬찬히 읽으며 따라 하다 보면 점차 에듀테크 도구와 친구가 되어 〈에듀테크 활용 수업〉을 능숙하게 하실 수 있습니다.

　2022 개정 교육과정에서 강조하는「자기관리 역량, 지식정보처리 역량, 창의적 사고 역량, 심미적 감성 역량, 협력적 사고 역량, 공동체 역량」은 학생들뿐만 아니라 교사에게도 필수적입니다. 학생들을 주도적인 학습자로 성장하도록 돕기 위해서는 교사 스스로 주도성을 갖추어야 하며, 학생들의 인성 교육을 위해

서는 교사의 인격 또한 잘 다듬어져 있어야 합니다. 에듀테크, 디지털 플랫폼, AI를 활용해 이 여섯 가지 핵심 역량을 균형 있게 함양할 준비가 되셨나요?

「쉽게 배우고 바로 쓰는 에듀테크 첫걸음(교사를 위한 실전 가이드북)」에는 에듀테크 경험이 없는 왕초보 교사와 디지털보다 아날로그 환경에 더 익숙한 분들을 위해 에듀테크 원데이 클래스를 알차게 준비했습니다. 누구나 쉽게 활용할 수 있도록 편의성, 한번 배워 두면 지속적으로 사용할 수 있는 연속성, 다양한 과목에서 많은 교사가 사용할 수 있는 대중성, 그리고 유료 결제 없이도 충분히 활용 가능한 경제성을 고려해 내용을 구성했습니다. 또한 학교 현장에서 학생과 교사 간 상호 작용을 위한 도구, 콘텐츠 제작, 학습 관리, 생성형 AI 활용 등 네 가지로 분류해 심플하게 정리했습니다. 이제 조용히 책을 앞에 펼쳐 하나하나 익혀 성공을 경험해 보세요. 그리고 스스로에게 응원의 박수를 보내 주세요. 결코 늦지 않았습니다!

-저자 일동

머리말 "동료의 손을 잡고 함께 가야 합니다." _ 6

YES or NO! 에듀테크 추천 맵 _ 10

이 책의 200% 활용법 _ 12

PART 1 상호 작용
단 5분! 학생 참여를 끌어내는 5가지 비법

- **패들렛** 너도나도 하는 데는 이유가 있다! 고전이 진리! _ 18
- **아이스크림툴킷** 로그인이 필요 없는 365일 우리 반 꿀템 _ 25
- **띵커벨** 퀴즈 + 투표 + 보드 = 모두 가능한 종합 선물 세트 _ 30
- **멘티미터** 시선 집중! 실시간으로 '볼 수 있는' 집계 프로그램 _ 41
- **페어덱** 자는 학생 용납 불가! 참여형 PPT 만들기 _ 48

PART 2 학습 관리
슬기로운 교사 생활을 위한 '이지(Easy)' 학습 관리 프로그램

- **다했니? 다했어요!** 초간편 수업 및 업무를 위해 교사가 만든 올인원 시스템 _ 60
- **구글 클래스룸** 클래식은 영원하다! 학급 & 학생 & 과제 관리 한방에 끝! _ 71

PART 3 콘텐츠 제작
뚝딱뚝딱 '쉽게' 만드는 업무용 문서 & 학습 콘텐츠

- **구글 도구** 업무 효율이 100배! 구글이 만들어 낸 최강 패밀리
  (Sheets, Forms, Docs, Slides, 사이트 도구) _ 82
- **캔바** 교사를 위한, 교사에 의한, 저작 도구의 끝판왕! _ 105
- **클로바노트** 아직도 협의록을 직접 쓰나요? 이제는 맡기세요! _ 116
- **북 크리에이터** 모든 학교와 교과목에 적용 가능! 디지털 책 만들기 _ 122
- **투닝** 초간단 학습 만화 제작하기. 재미×유익 두 마리 토끼 잡기! _ 132
- **ZEP** 수업에 활력을 불어넣는 메타버스. 학생 참여 100% 보장! _ 143

PART 4 생성형 AI
이제는 선택 아닌 필수! 한번 배워 만 번 써먹는 AI 비서

- **ChatGPT** 세상을 바꾼 원조 생성형 AI, 똑똑하게 활용하는 방법을
  알려 드립니다! _ 166
- **SUNO** AI로 만드는 음악, 창작의 한계를 넘어 새로운 가능성을 열다 _ 176
- **GAMMA** 클릭 몇 번으로 완성되는 완벽한 AI 프레젠테이션 _ 183

① 에듀테크 활용 사례 _ 192
② 에듀테크 활용 능력 검정시험 _ 199
③ 참고할 만한 유튜브 채널 목록 _ 202

YES or NO! 에듀테크 추천 맵

- 디지털 도구가 익숙하신가요?
  - (수업 도구 vs 콘텐츠 제작) 사용 목적이 수업 도구인가요?
    - 학생들과 실시간으로 상호 작용을 하고 싶으신가요? → **구글 도구**
    - 인공지능을 활용하고 싶으신가요?
      - 메타버스에 관심이 많으신가요? → **ZEP**
      - → **캔바**
  - (수업 도구 vs 콘텐츠 제작) 사용 목적이 수업 도구인가요?
    - → **북 크리에이터 투닝**
    - 학생들과 실시간으로 상호 작용을 하고 싶으신가요? → **클로바노트**

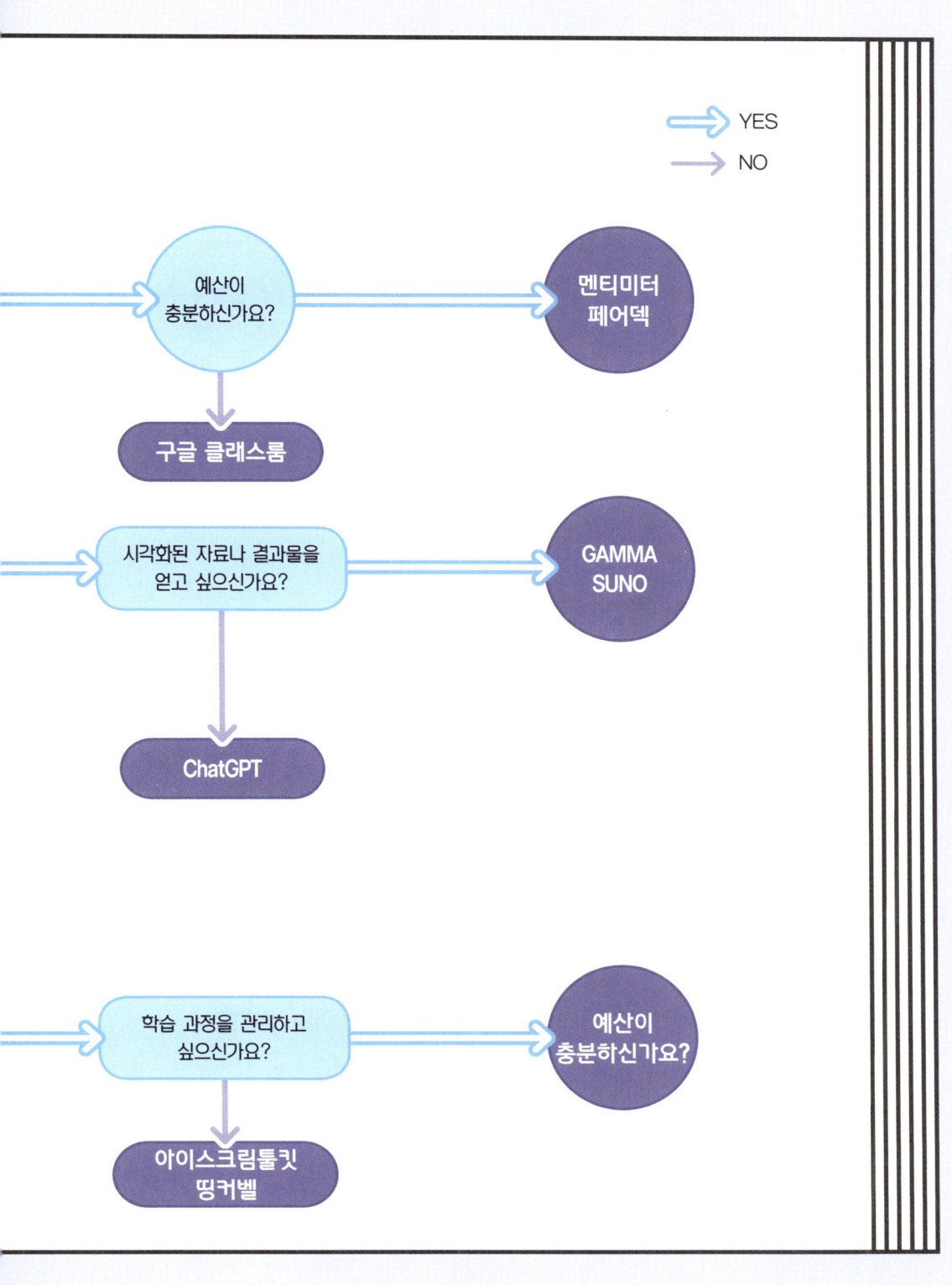

이 책의 200% 활용법

하나. '종이접기 책'처럼 한 장씩 넘기며 따라 해 보세요.

이 책은 종이접기 책처럼 처음부터 끝까지, 한 장씩 넘기며 따라할 수 있도록 구성되어 있습니다. 복잡한 설명은 NO! 왼손엔 책, 오른손엔 마우스를 잡고 천천히, 차근차근 따라와 보세요.

둘. '하루에 한 도구' 실천하기!

오늘은 패들렛, 내일은 투닝! 한 번쯤 들어봤거나, 어디선가 본 적 있는 친숙한 도구들로 구성했습니다. 하루에 하나씩 따라 하다 보면, 어느새 차곡차곡 쌓여 갑니다.

셋. 어려운 기능은 과감히 뺐습니다.

이 책은 에듀테크 입문자를 위한 책입니다. 교직에서 실제로 많이 사용하는 실용적인 도구들, 꼭 필요한 기능만 담았습니다. '언젠가 쓸지도 몰라서' 넣은 기능은 단 하나도 없습니다.

넷. 연습만 하지 말고, 2주 안에 꼭 사용해 보세요.

사용하지 않으면 금방 잊혀집니다. 연습에 그치지 말고 바로 수업에 적용해 보세요. 학생들과 함께하는 교실 속 시행착오가 모두의 성장을 이끕니다.

다섯. 어떤 도구를 쓸지 막막하다면 '교무실 Talk'와 '우리 선생님 수업은요!'부터 읽어 보세요!

먼저 사용해 본 선생님들의 생생한 경험담과 학생들의 진짜 반응이 담겨 있습니다. 어떤 도구부터 시작할지 고민된다면, 체험부터 읽으며 방향을 잡아 보세요!

각 도구별 특징을 한줄평으로 설명했어요.

학교에서 가장 많이 사용하는 예시를 적었어요.

로그인 방법부터 순서까지 차근차근 안내했어요.

저자들이 각 도구의 특징을 별점으로 표현했어요. 난이도는 별의 개수가 적을수록 쉬운 도구이고, 활용성·대중성·경제성은 별이 많을수록 GOOD이라는 뜻입니다!

가장 많이 사용하는 기본 기능 위주로 구성했으며, 이 책에서는 어려운 고급 기능은 다루지 않았어요.

각 도구별로 실제 선생님들의 목소리를 생생하게 담았어요.

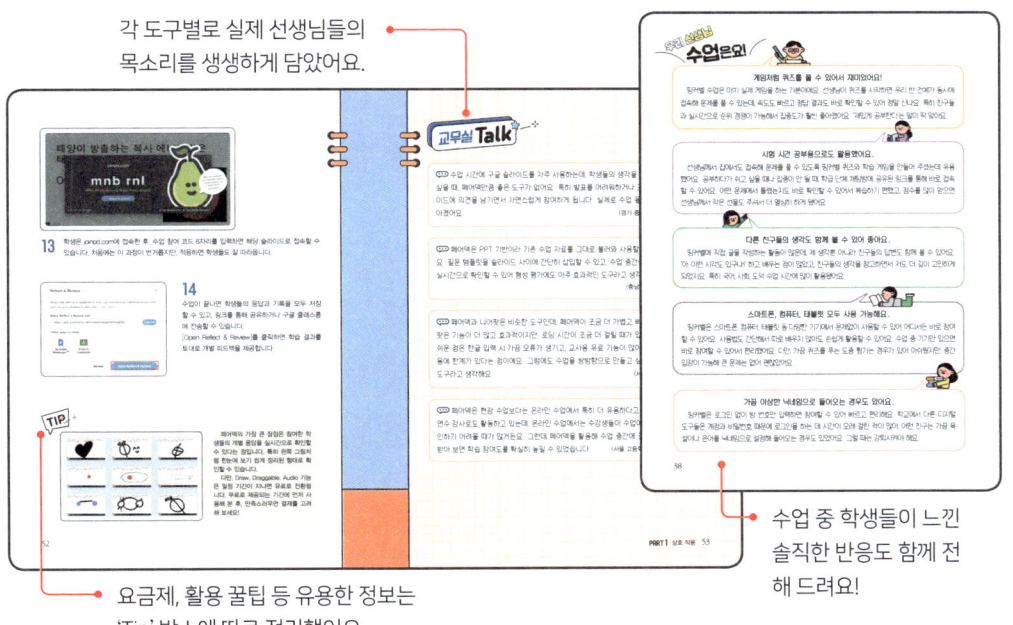

요금제, 활용 꿀팁 등 유용한 정보는 'Tip' 박스에 따로 정리했어요.

수업 중 학생들이 느낀 솔직한 반응도 함께 전해 드려요!

PART 1

상호 작용

단 5분!
학생 참여를 끌어내는
5가지 비법

| **패들렛** | 너도나도 하는 데는 이유가 있다! 고전이 진리! |

| **아이스크림툴킷** | 로그인이 필요 없는 365일 우리 반 꿀템 |

| **띵커벨** | 퀴즈 + 투표 + 보드 = 모두 가능한 종합 선물 세트 |

| **멘티미터** | 시선 집중! 실시간으로 '볼 수 있는' 집계 프로그램 |

| **페어덱** | 자는 학생 용납 불가! 참여형 PPT 만들기 |

〝 몰라서 물어볼 수 없었어요. 〞

자신이 없고 두렵기만 합니다. '이걸 질문해도 될까?'라고 생각하는 순간, 내 부족함이 주변 모두에게 드러날 것만 같아 창피하고 부끄럽기도 하지요. 그 상황을 생각만 했는데도 볼 빨간 사춘기 때처럼 얼굴이 후끈 달아오르기까지 하니 질문을 꺼내는 것조차 쉽지 않았습니다. '다른 선생님들은 다 알고 계실까?' 나만 이런 모습으로 있지는 않은지 자신감은 점점 떨어지고, 이 분야에서 뒤처진 '루저'가 아닐까 하는 생각이 들기도 합니다. 하지만 과연 정말 그럴까요?

에듀테크와 관련된 여러 책을 읽고, 저자들의 특강을 들으면서 그들의 전문성을 알게 됐습니다. 평일 저녁과 주말을 반납하며 에듀테크, 디지털 플랫폼, AI 관련 수업을 들었습니다. 하지만 꾸준히 활용하지 않으니 내 것이 되지 않았고, 배운 내용을 익히지 않아 더욱 낯선 상태로 몇 년이 흘러버렸습니다.

수업에서 학생과의 상호 작용은 마치 야구 경기에서 초반을 책임지는 선발 투수와도 같습니다. 그래서 PART1에서는 '단 5분! 학생 참여를 끌어내는 5가지 비법'을 소개합니다. 아이러니하게도 '상호 작용'이라는 주제를 다루지만, 선생님들이 혼자서도 충분히 익힐 수 있도록 세심하게 구성했습니다.

먼저, 수업에서 꼭 필요한 다섯 가지 도구를 살펴볼까요?

- **패들렛** – '이거 없었으면 어쩔 뻔했어!' 코로나19 시기에 나라를 구한 수업 필수 도구
- **아이스크림툴킷** – 수업 도구를 한 곳에 모아 둔 알찬 툴박스
- **띵커벨 & 멘티미터** – 실시간 퀴즈와 투표로 수업을 더 흥미롭게!
- **페어덱** – 학생들과 함께 만들어 가는 협업형 PPT

 이 도구들은 단순히 수업 자료를 공유하는 데 그치지 않고, 학생들이 함께 참여하며 배움을 만들어 가는 환경을 조성하는 데 큰 도움이 됩니다. 마치 같은 기차를 타고 여행을 떠나듯, 학생들과 함께 목적지를 향해 나아가는 길잡이가 되어 줄 것입니다.

 다들 아시겠지만, 남녀노소 불문하고 에듀테크가 익숙하지 않은 많은 분을 위해 저자들은 함께 고민을 나누고, 다양한 교과와 각기 다른 관심사를 하나의 흐름으로 엮을 수 있는 공통분모를 찾기 위해 노력했습니다.

 이 책은 단순히 배우는 것을 넘어, 새로운 시각으로 이곳저곳을 바라볼 수 있는 아이디어를 제공하고, 한 걸음 더 나아갈 수 있는 용기를 북돋는 데 초점을 맞췄습니다. 배울 때는 학습자이지만, 학생들 앞에서는 주도적으로 수업을 이끌어야 하는 우리 선생님들! 2022 개정 교육과정에서 강조하는 6대 핵심역량인 '자기관리 역량, 지식정보처리 역량, 창의적 사고 역량, 심미적 감성 역량, 협력적 소통 역량, 공동체 역량'은 학생들에게만 필요한 것이 아닙니다. 상호 작용을 위해서라면 무엇 하나 중요하지 않은 것이 없지요. 우리 선생님들은 이 6대 역량을 가지고 계신가요? 가지려고 힘쓰고 계신가요? 혹시 스스로 가지고 있지 않은데, 학생들에게 "너희들은 가져야 해."라며 목소리를 높이고 있지는 않은지, 잠시 주변을 돌아보면 좋겠습니다.

패들렛

너도나도 하는 데는 이유가 있다! 고전이 진리!

이렇게 활용해 보세요!	예시
자료 업로드 문서, 이미지, 동영상 등 다양한 파일을 손쉽게 공유할 수 있어요. (수업·업무용으로 최적화)	수행 평가 안내 자료 모음, 연구부 평가 계획 도움 자료 모음
포트폴리오 학생들의 학습 과정을 포트폴리오 형태로 정리하기에 딱 좋아요.	과학·식물 일지 포트폴리오, 독서 기록 포트폴리오
수행 평가 결과물 수합 학생들의 결과물을 '함께 보기' 또는 '교사만 보기'로 설정해 관리할 수 있어요.	웹툰 만들기 동료 평가, 역사 신문 제작 교사 평가
상호 작용 게시글에 댓글 달기, 하트 누르기 등 다양한 방식으로 소통할 수 있어요.	자기 의견 댓글 달기, 친구들 작품에 투표하기
다양한 양식 디자인이 다양하여 수업 내용에 맞게 활용할 수 있는 방법이 무궁무진합니다.	담벼락, 캔버스, 타임라인, 그리드, 지도 등

패들렛 사용 방법

1 https://padlet.com/에 접속하고, 구글, MS, Apple 혹은 이메일로 가입합니다.

2 [만들기] - [새 게시판]을 클릭합니다.

PART 1 상호 작용

3

오른쪽에 제목, 형식, 섹션 안내가 뜹니다.

담벼락	메모지를 원하는 위치에 자유롭게 붙이면 자동으로 빈틈없이 정렬됨
컬럼	메모지가 세로 기둥 단위로 나누어 배치됨
그리드	담벼락과 비슷하지만 글의 길이에 맞추어 배열됨
테이블	게시물이 행과 열로 정리되어 스프레드시트처럼 배치됨
프리폼	메모지를 자유롭게 배치하고, 연결선으로 이어 붙일 수 있어 마인드맵과 같이 시각화할 수 있음
행	메모지를 가로로 나열해 정리함
타임라인	시간의 흐름에 따라 순서대로 나열됨
스트림	메모지가 세로 한 줄로 배열됨
지도	지도 위의 특정 위치를 지정해 메모 입력 가능

*섹션은 구분이 필요할 때 사용합니다. (주제별·학생별로 게시글을 따로 취합할 때)

보통 가장 많이 사용하는 형식은 담벼락과 컬럼입니다!

4

가장 많이 사용하는 담벼락을 한번 만들어보겠습니다.
오른쪽 하단의 [설정()]을 클릭하세요. 배경화면, 색상, 글꼴을 비롯해 형식도 자유롭게 바꿀 수 있습니다.
(담벼락 → 그리드, 그리드 → 스트림)
이것저것 눌러 보세요!
변경 사항이 바로 적용됩니다.

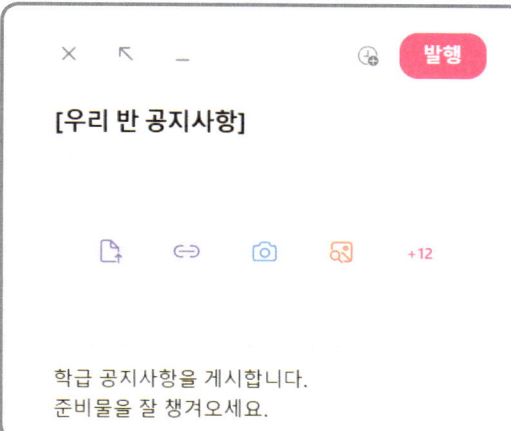

5

이제 첫 글을 작성해 보겠습니다.
오른쪽 하단의 [+버튼(●)]을 클릭해 제목과 내용을 입력해 보세요.

📄 업로드
🔗 링크
📷 촬영
🖼️ 이미지 검색
+12 더보기(+12)

파일도 추가해 볼까요?

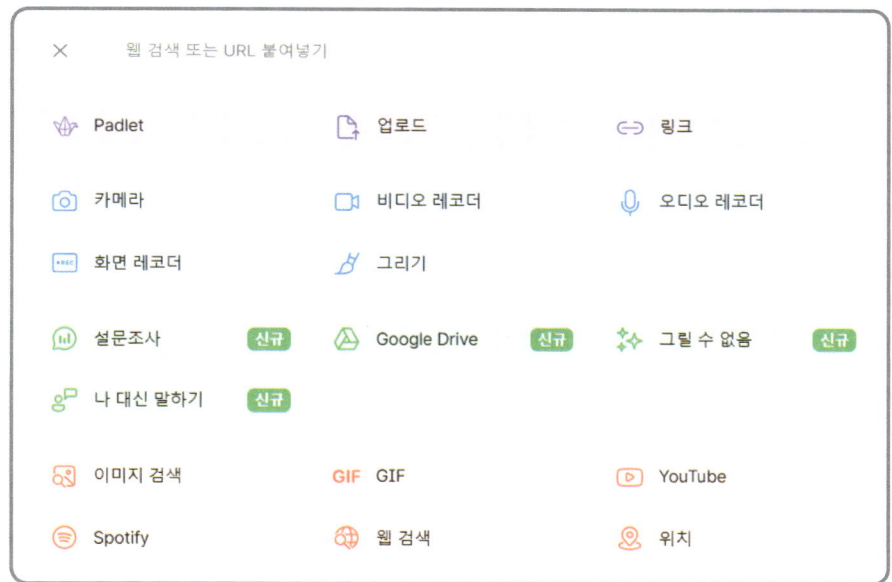

6 더보기(+12)를 클릭해 보세요. 패들렛의 기능이 생각보다 많이 숨어 있습니다!

☑️ **많이 사용하는 기능**
- 그리기(그림판 기능)
- 설문 조사(간단 투표)
- 그릴 수 없음(이미지 생성 AI)

PART 1 상호 작용 21

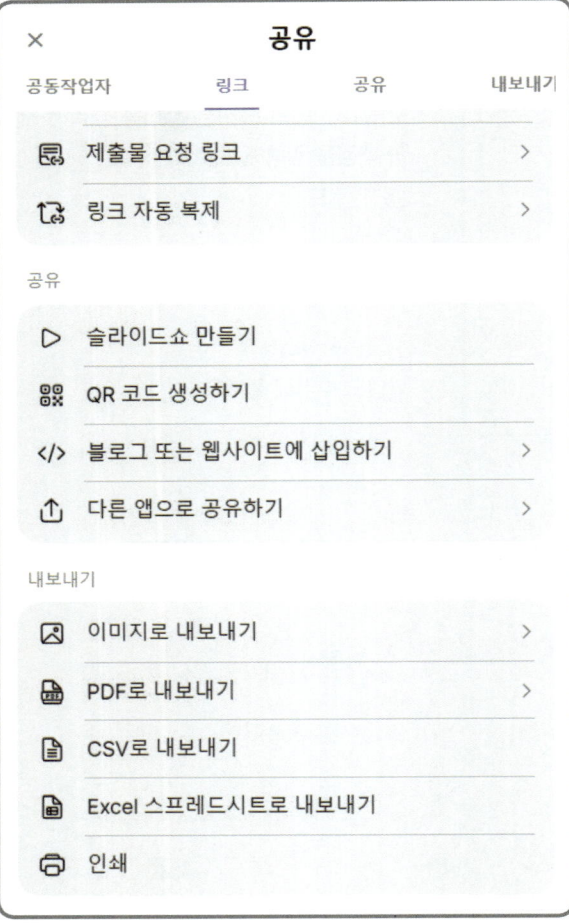

7

공유하거나 인쇄할 때는 어떻게 하나요? 오른쪽 상단의 [화살표(→)]를 클릭하면, 슬라이드쇼, QR 코드가 손쉽게 생성됩니다.
이미지, PDF, Excel 파일로 저장, 인쇄 기능도 클릭 한 번에 됩니다!

" 패들렛 안에서 QR 코드가 만들어진다는 사실, 잘 모르셨죠? 다른 곳에서 따로 QR 코드를 만들 필요가 없답니다. "

8

교사가 알면 좋은 기능 한 가지 더! 학생 제출물을 교사만 확인하고 싶을 때는, [설정(⚙)] – 콘텐츠 – 내용 조정에서 [수동]으로 변경해 보세요.
선생님의 승인이 없으면 다른 학생들은 글을 볼 수 없습니다.

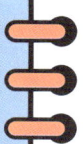

무료	Gold	Platinum	팀	강의실	학교
₩0	₩12,900 /월 ₩89,000 /년 42% 할인	₩14,900 /월 ₩129,000 /년 27% 할인	₩19,900 /월 ₩149,000 /년 37% 할인 제작지당	₩259,000 /년 2 teachers	최저 $1,000/년 교사 10명용
청구로 이동	청구로 이동	청구로 이동	팀 만들기	강의실 만들기	견적 받기

- 패들렛을 사용하다 보면 무료 계정(보드 3개)으로는 부족함을 느낄 수 있습니다. 교사라면 [내 정보] – [설정] – [계정유형] – [교사] 클릭만으로 최대 5개의 보드를 제공받을 수 있습니다.
- 유료 결제를 고려한다면, 용도에 따라 선택해 보세요.
  – 플래티넘: 나 혼자 이것저것 다양하게 활용하고 싶을 때
  – 스쿨 백팩: 우리 학교 전체가 학생 계정을 등록해 함께 사용할 때

💬 우리 학교에서는 패들렛을 업무용으로 사용해요. 예전에는 메신저로만 공지하다 보니 계속 추가로 올라오는 안내 및 추가 자료들을 찾기 어렵고, 시간이 오래 지나면 열람이 힘들었거든요. (사실 저는 일을 미뤘다 하는 타입이라 자주 놓쳤어요.) 이제는 패들렛에 업로드하니 한눈에 잘 보이고 필요할 때마다 들어가서 확인할 수 있어 정말 좋아요.
(대구 중학교 가정 교사, 똑쌤)

💬 패들렛은 업무용, 수업용, 공유용, 아카이브용 등 다양한 활용이 가능해요. 수많은 에듀테크 도구 중 가장 많이 사용하는 Top 3 중 하나입니다. No.1이죠~^^
(경기 초등학교 교사, 하나쌤)

💬 최근 패들렛에 추가된 AI 기능 중 TA 기능은 교사들에게 매우 실용적이라고 생각합니다. 이 기능은 단순히 메모를 붙이는 도구를 넘어, 게시된 글을 기반으로 교사가 토론 질문을 만들어 주거나 요약을 제공해 수업 현장에서 바로 활용할 수 있도록 돕습니다. 또한 교사가 수업 계획을 입력하면 예시 샘플 패들렛을 자동으로 생성해 주어 초안을 만드는 시간을 크게 줄일 수 있습니다. 앞으로 이러한 AI 기능이 더 정교해진다면, 패들렛은 단순한 게시판을 넘어 수업을 설계하고 운영하는 교사의 든든한 조력자가 될 것이라고 생각합니다.
(경북 중학교 도덕 교사, 잼잼)

💬 '공유와 협업이 용이한 디지털 캔버스'라는 말이 딱 맞습니다. 회원 가입이나 로그인 없이도 바로 사용할 수 있다는 점이 큰 장점이에요. 동시에 협업하기도 좋고, 다양한 파일 양식을 지원하는 것도 매우 편리합니다. 최근 업데이트 된 기능들이 정말 유용했고, 앞으로도 계속 업데이트 될 예정이고요. 필수 중의 필수 에듀테크라고 생각합니다.
(경기 고등학교 수학 교사, 수학몬스터)

💬 패들렛은 다양한 템플릿을 제공하며, 최근에는 AI 기능을 활용해 사용자가 필요한 패들렛 유형을 제안해 주고 있습니다. 또 최근에 샌드박스 기능을 통해 학생들과의 실시간 협업 수업 도구로 발전해 가고 있습니다. 다만, 좀 아쉬운 부분은 한 게시물에 여러 개의 자료를 동시에 첨부하는 기능이 없다는 점입니다.
(대구 초등학교 교사, 익명)

아이스크림툴킷

로그인이 필요 없는 365일 우리 반 꿀템

이렇게 활용해 보세요!	예시
활동 시간 컨트롤 스톱워치와 타이머 기능을 활용해 수업 중 활동 시간을 효과적으로 관리할 수 있어요.	활동별로 10분씩 시간 배정하기, 수행 평가 때 남은 시간 화면에 띄우기
발표자 선정, 랜덤 추첨, 자리 바꾸기 공정한 랜덤 선정 및 추첨 기능으로, 모두가 '불만 없이' 결과를 받아들일 수 있어요.	주사위로 모둠 순서 정하기, 이벤트 대상자 추첨하기, 랜덤(혹은 랜덤을 가장한) 자리 바꾸기
각종 효과음, 소음 측정기 선생님도 감기 걸릴 수 있지요! 목이 아픈 날에는 효과음 기능을 사용해 보세요.	집중시킬 때 '띵동' 누르기, 시끄러울 때 소음 측정기로 관리하기, 무난한 배경 음악 틀어 놓기
생각보다 많은 디지털 학습 자료 초등 전 과목에서 활용할 수 있는 풍부한 디지털 학습 자료가 포함되어 있어요.	다양한 학습 관련 콘텐츠 (수업 도구, 콘텐츠, AI/SW, 게임 등)

아이스크림툴킷 사용 방법

1

https://toolkit.i-scream.co.kr/에 접속합니다.

2

하단의 메뉴 아이콘들을 살펴봅니다. 하나씩 클릭해 볼까요?
별도의 설명이 필요 없을 만큼 간단합니다. 그리고 한 화면에 여러 메뉴를 동시에 띄워 놓고 사용할 수 있어 편리합니다.

예) 왼쪽에 판서, 오른쪽에 타이머

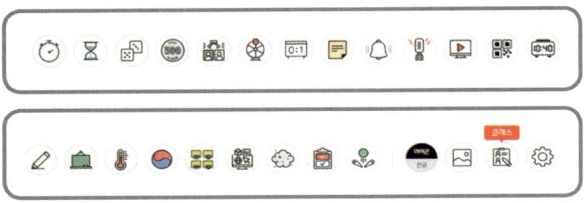

3 스톱워치, 타이머는 수업 중 시간을 관리할 때 사용합니다. 왼쪽 하단의 [타이머(⌛)]를 클릭해 보세요. 다양한 디자인의 타이머를 선택할 수 있습니다. 타이머 시간 설정, 종료 직전 경고음, 종료음 등 다양한 설정이 가능합니다.

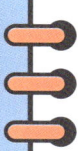
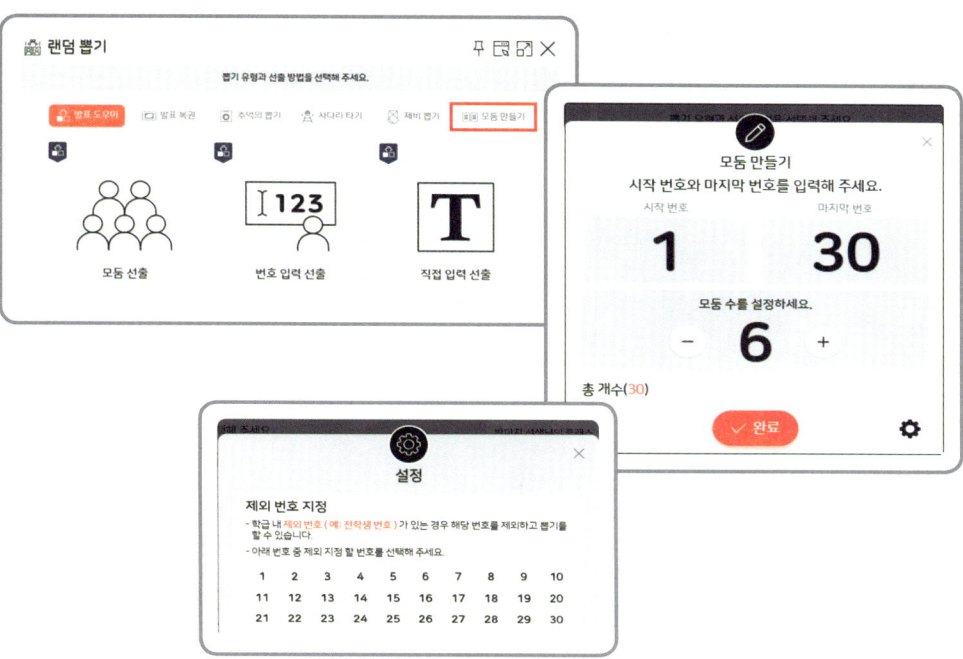

4 랜덤 뽑기 기능으로 발표 순서를 정하거나 모둠을 구성할 수 있습니다. 왼쪽 하단의 [랜덤 뽑기(🔒)] - [모둠 만들기]를 클릭해 보세요. 원하는 수만큼 모둠을 자동으로 만들 수 있습니다.

혹시 전학생이 있나요? 그럴 때는 [모둠 만들기] 오른쪽 하단에 있는 [톱니바퀴(⚙)]를 클릭하세요. 해당 번호를 제외하고 뽑기를 진행할 수 있습니다.

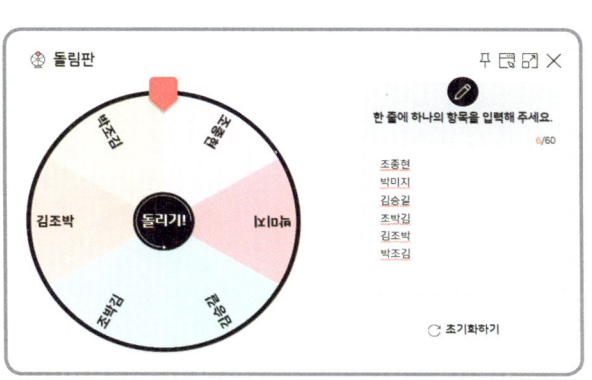

교직원 연수 추첨 이벤트에도 활용도 GOOD!

5

이벤트 추첨이 필요할 때는 [돌림판(🎡)]을 활용해 보세요! 이름을 쉼표(',') 없이 한 줄에 하나씩 입력하면 자동으로 돌림판이 생성됩니다.

PART 1 상호 작용   27

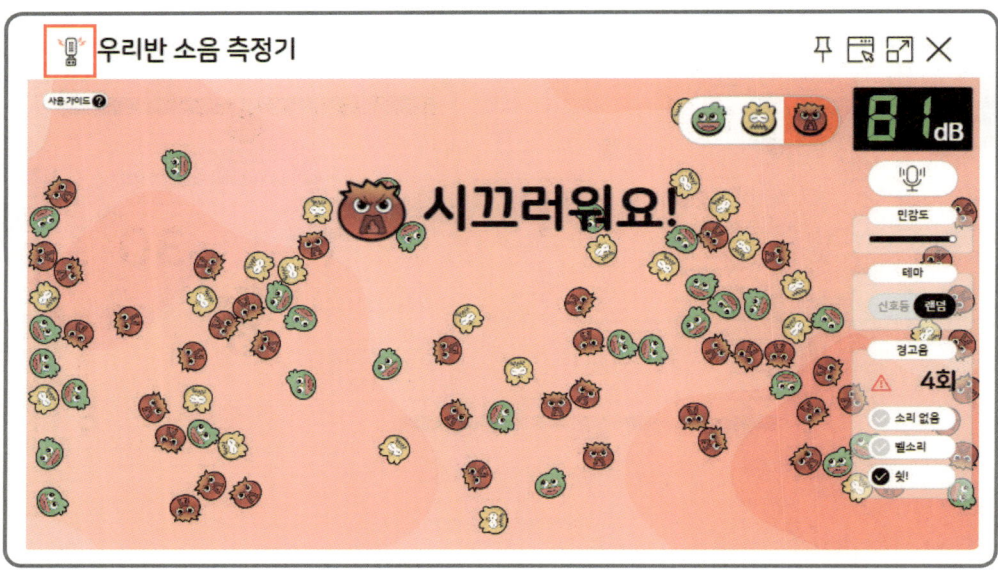

6 시험 기간이나 자습 시간에 조용한 분위기를 유지하고 싶다면 [소음 측정기( )]를 켜 보세요. 민감도를 조절하면 작은 소리에도 반응합니다.

예 경고음이 5번 울리면 벌칙!

7
[QR 코드( )]도 간단하게 만들 수 있습니다.
물론, QR 코드를 만드는 사이트는 많지만 툴킷의 장점은 생성한 QR 코드의 [리스트( )]가 자동으로 저장되어 관리가 편리하다는 점입니다.
각 모둠별(또는 개인별)로 다른 QR 코드가 필요한 경우, [새 QR 코드( )]를 계속 생성하면 자동으로 리스트에 추가되어 더욱 쉽게 관리할 수 있습니다.

8 [자리바꾸기()]는 로그인이 필요하지만, 꼭 한 번 사용해 보시길 강력 추천하는 기능입니다. 분단을 자유롭게 지정할 수 있으며, 모둠 구성은 물론, ㄷ자 형태와 같은 다양하고 자유로운 배치도 가능합니다.

예) 2-2-2, 2-3-2, 2-2-2-2명씩

무엇보다 선생님의 의도에 맞게 자리를 '미리' 지정할 수 있습니다! [자리바꾸기] – [이용 가이드 보기] – [가이드 보기] – '선생님만 확인하는 환경인가요?' – [네, 맞습니다] – [자리 미리 지정하기]를 시도해 보세요.
학생들의 불만 없이 완벽한 학습 분위기 조성을 위한 자리 배치가 가능합니다.

아이스크림툴킷은 '로그인 없이'도 사용할 수 있어 매우 편리하지만, 로그인을 하면 기능이 더욱 다양해집니다.
특히 최근 업데이트된 '클래스' 연동 기능으로 학급(학생)을 저장해 두면 학생 뽑기, 자리 배치 및 모둠 구성 등을 간편하게 할 수 있습니다. 툴킷을 자주 사용하는 선생님이라면 클래스 등록을 추천합니다.

띵커벨

퀴즈 + 투표 + 보드 = 모두 가능한 종합 선물 세트

이렇게 활용해 보세요!	예시
퀴즈 및 학습 점검 수업 전후로 학습 내용을 점검하거나 동기를 부여하는 퀴즈를 손쉽게 만들 수 있어요.	단원별 핵심 개념 확인 퀴즈, 수업 전·후 퀴즈
토의·토론 학생들이 자유롭게 의견을 나누고, 찬반 토론을 진행할 수 있어요.	사회 이슈 찬반 토론, 문학 작품 감상 토론
아이디어 보드 패들렛처럼 학생들이 생각을 정리하고 함께 공유할 수 있는 보드로 사용할 수 있어요.	프로젝트 아이디어 정리, 실시간 협업 활동
과제 제출 게이미피케이션(Gamification)을 활용한 간단한 과제나, 워크시트를 이용한 과제를 제공할 수 있어요.	흩어진 단어 찾기 게임, 개념 정리 활동지 과제

퀴즈

1. https://www.tkbell.co.kr에 접속해 로그인합니다.

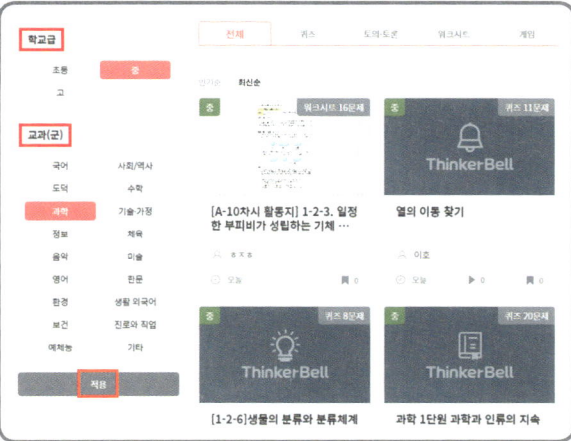

2. 띵커벨의 장점은, 다른 사용자들이 만든 다양한 자료를 참고할 수 있다는 것입니다. 중앙 상단의 [라이브러리] – [학교급] – [교과] – [적용]으로 감이 오지 않을 때는 '라이브러리'를 먼저 보세요.

사실 띵커벨을 활용하시는 분 중 대부분은 퀴즈 때문인데, 다른 기능들도 상당히 유용합니다! 하나씩 도장 깨기를 해 보세요~

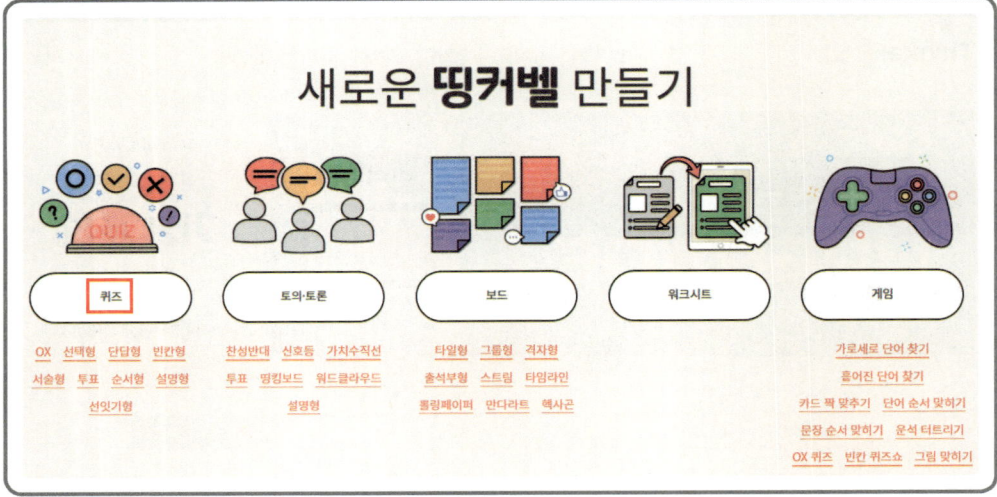

3 상단의 [만들기]를 클릭합니다. 퀴즈, 토의·토론, 보드, 워크시트, 게임 메뉴가 있습니다. 가장 많이 사용하는 [퀴즈]를 알아보겠습니다.

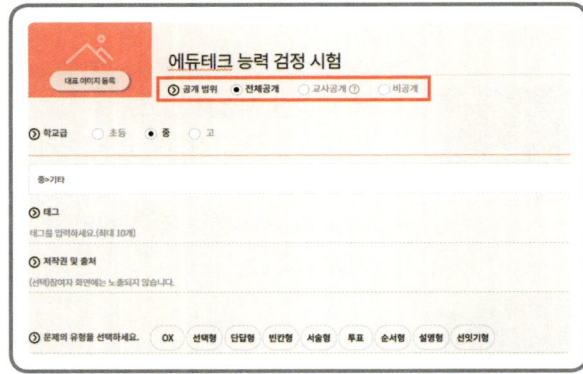

4 상단의 [만들기]를 클릭한 후, 제목과 학교급 등 기초 정보를 입력합니다. 공개 범위는 [전체 공개]로 하면 다른 사용자도 활용할 수 있도록 라이브러리에 공개됩니다. 학교, 학생, 동아리 명 등 민감한 정보가 있다면 [비공개]로 설정하세요.

전체 공개	띵커벨을 쓰는 모든 사용자에게 공개
교사 공개	교사 인증한 사용자에게만 공개
비공개	다른 사용자에게 보이지 않고, 나에게만 공개

저는 쉬운 문제는 10초, 조금 어려운 문제는 20초, 짧은 주관식은 30초를 줍니다.

5 다양한 문제 유형이 있는데, 하나씩 알아볼까요? (투표와 설명형은 유료 기능입니다. 투표는 객관식으로 대체할 수 있습니다.)

[선택형]을 클릭한 후 문제를 출제하고, 정답을 오른쪽에 체크(✓)합니다. 제한 시간은 문제의 난이도에 따라 다르게 설정합니다. 대체로 객관식 문제는 30초부터 학생들이 지루해합니다.

 '해설'은 힌트가 아닙니다. 문제를 풀고 나면 나옵니다.

6 위와 같이 다양한 유형으로 문제를 만들어 봅니다. 완성한 후에는 오른쪽 상단의 [완료] 버튼을 눌러 저장하고 플레이 설정을 합니다. 띵커벨은 '함께 플레이'와 '혼자 플레이'가 있습니다.

- 함께 플레이: 실시간 경쟁형 게임
- 혼자 플레이: 개별 과제나 도전형 방식

보통 학생들과는 함께 플레이의 [WiFi-on] 기능을 사용해 실시간 게임을 많이 합니다. 한번 만들어 볼까요?

WiFi-on	스마트폰이나 태블릿을 활용해 교실에서 동시에 진행할 수 있는 가장 보편적이고 인기 있는 방식
배틀	• 스마트폰이나 태블릿으로 동시에 활동을 진행하면서도, 각자 자신의 속도에 맞춰 문제를 해결하는 경쟁형 방식 • 문제 섞기, 선택지 섞기 기능을 활용하면 더욱 효과적으로 운영 가능

PART 1 상호 작용 33

7 짠! 바로 퀴즈방이 만들어졌습니다. 학생들은 QR 코드를 스캔하거나, tkbell.kr 접속해 방 번호를 입력하면 입장할 수 있습니다.

스마트폰/태블릿 접속	바로 QR 코드 스캔 후 접속
노트북 접속	'띵커벨 방 번호' 검색 혹은 tkbell.kr 접속

이때, 학생들이 닉네임으로 들어오므로 사용 전에 닉네임에 대한 규칙을 알려 주세요.

예 비속어 닉네임은 강퇴한다!

TIP 음악 ON을 해 주면, 게임이 더욱 흥미진진해집니다. 또한 '중간 입장'을 허용해 주세요. 학생들이 접속이 끊기는 경우가 있는데, 중간 입장을 허용하지 않으면 해당 활동에서 제외될 수 있습니다.

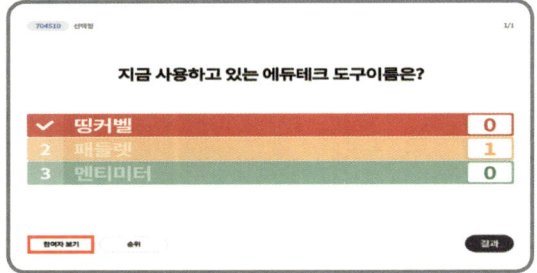

TIP 만약 결과 화면을 지나쳐도 [결과 다운로드]를 통해 전체 순위를 다시 열람할 수 있습니다.

8 퀴즈를 진행하는 동안 왼쪽 하단의 [참여자 보기(참여자 보기)]를 눌러 보세요.
오답을 작성한 학생들을 실시간으로 확인할 수 있어 퀴즈의 흥을 돋우는 역할을 합니다.
퀴즈를 다 푼 뒤에는 왼쪽 하단에 [최종 순위(최종 순위)]가 표시됩니다.
순위권에 든 학생들을 칭찬해 주세요.

● 가치수직선

주제에 대한 개인의 의견을 수직선 위에 표현하는 방식의 토론입니다.

9

퀴즈를 만드는 데 성공하셨다면 이제 토의·토론을 보드에서도 도전하세요! 만드는 방식은 아주 유사하지만, 포함된 기능이 다릅니다.

워드클라우드

주제에 대한 답변을 시각화하여 표현합니다. 참여자가 제출한 의견이 실시간으로 화면에 반영되며, 빈도가 높은 단어는 크게 제시됩니다.

"토의·토론은 퀴즈와 거의 유사한데 점수를 내지 않는 형태라고 생각하면 편합니다."

'퀴즈'와 '토의·토론'은 언제 사용할까요?

퀴즈	**OX형, 선택형, 단답형, 빈칸형, 서술형, 순서 배열형, 설명형, 투표, 선 잇기형 등** • 학습 내용을 간단히 확인하고 싶을 때 　– 수업 전: 학습자 배경지식 확인용 　– 수업 중 또는 후: 핵심 개념을 점검하는 형성 평가용 • 학생 참여를 유도하고, 동기를 부여하고자 할 때
토의·토론	**찬반 토론, 신호등 토의, 가치 수직선, 투표, 설명형, 띵킹보드, 워드 클라우드 등** • 다양한 관점을 이끌어내고 싶을 때(예: 학급 회의 등) 　– 정답이 없는 질문이나 가치 판단이 필요한 주제를 다룰 때 　– 워드 클라우드 등을 활용해 학습 전체의 생각을 시각화하고 공유할 때 　– 학급 규칙 정하기, 반티 결정 등 집단 의사결정 상황에 활용할 때 　– 도덕적 딜레마, 윤리적 판단이 요구되는 주제를 다룰 때

PART 1 상호 작용

보드

1 띵커벨은 퀴즈뿐 아니라 보드 기능도 매우 유용합니다.
각 보드에는 어떤 특징이 있을까요?

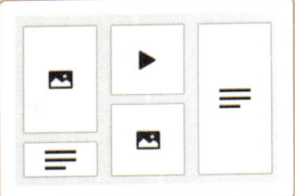

1. 타일형
(빈 공간에 자동 배치)

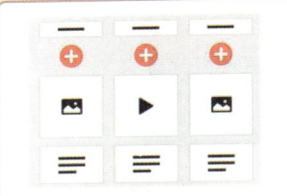

2. 그룹형
(그룹으로 분류해서 배치)
*패들렛의 '섹션'과 유사

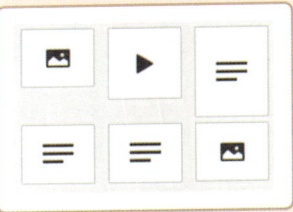

3. 격자형
(같은 높이에 순서대로 배치)

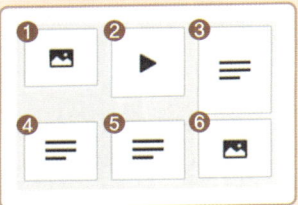

4. 출석부형
(번호 중심, 지정 위치에 작성)

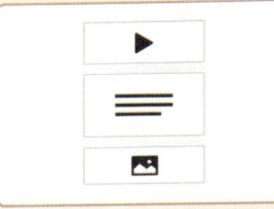

5. 스트림
(세로 한 줄로 배치)

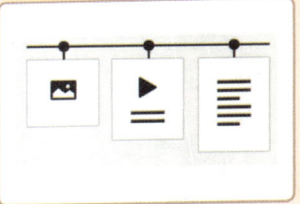

6. 타임라인
(가로로 시간 순서대로 배치)

7. 롤링페이퍼
(간단한 편지)

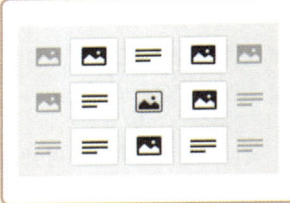

8. 만다라트
(하위 주제에 따른 생각 확장)

" 보드는 '한국형 패들렛'이라고 보시면 됩니다. "

> 게시물 승인 ? ⬤

2 띵커벨 보드를 활용할 때는 '게시물 승인' 기능이 유용합니다. 개별 보드의 [설정()] 메뉴에서 아래와 같이 설정할 수 있습니다.

게시물 승인 ON	학생이 글을 올리더라도 교사가 승인하지 않으면 다른 학생에게는 비공개 (교사만 열람 가능)
게시물 승인 OFF	학생이 글을 올리면 곧바로 전체에게 공개

이 기능은 평가용 게시물처럼 다른 학생이 내용을 보지 않아야 할 경우나, 자극적인 내용이 올라올 우려가 있는 경우에 효과적으로 사용할 수 있습니다.

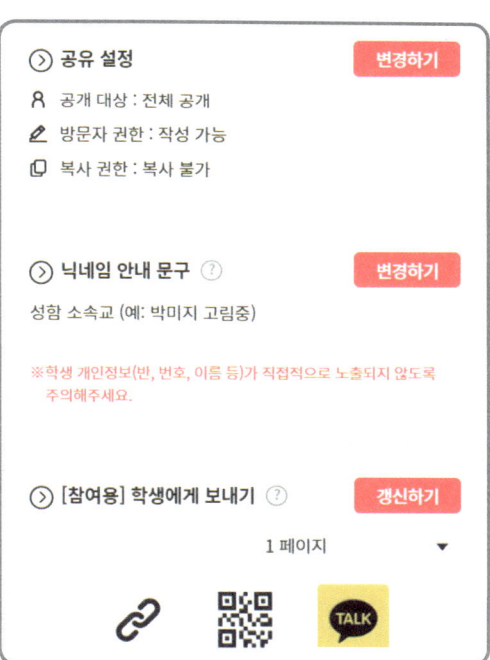

3 보드를 모두 완성한 후에는 오른쪽 상단의 [공유(⬚공유)]를 클릭한 후 다음과 같은 항목을 설정할 수 있습니다.

> ✅ **공개 대상**
> - **전체 공개**: 별도의 제한 없이 누구나 접속 가능, 링크 혹은 QR 코드로 입장
> - **공개 제한**: 방 번호를 생성해서 제한된 인원만 접속

 '닉네임 안내 문구'는 학생이 보드에 입장할 때 보이는 문구입니다.
 – 괄호 ( ), 특수문자는 사용할 수 없습니다.
 – 일반적으로 '학번+이름'형식을 권장합니다.
  예) 10101박미지

PART 1 상호 작용 37

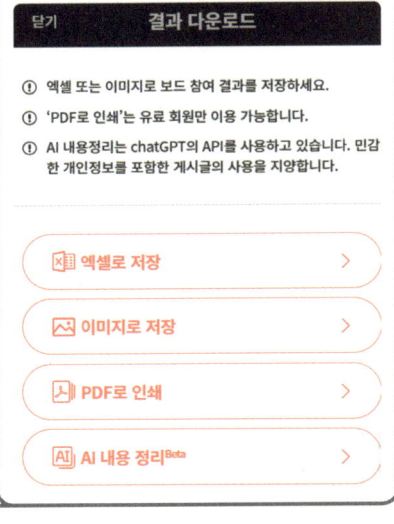

4

보드에 게시된 내용을 별도의 문서로 저장하고 싶을 때도 있지요? 이럴 때는 오른쪽 상단의 [공유] – [결과 다운로드]를 클릭해 보세요. 엑셀, 이미지, PDF 파일로 저장할 수 있으며, AI 정리본도 다운로드가 가능합니다.

> "저는 학생들의 멋진 게시물들을 가끔 인쇄해서 학급 게시판에 붙여 줍니다."

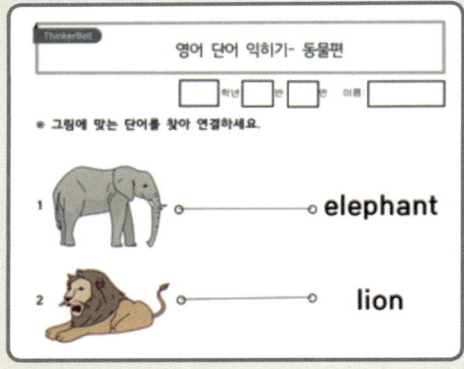

- 워크시트는 학생들에게 온라인 학습지를 제공해 과제를 내고, 실시간으로 자동 채점, 결과 리포트를 받을 수 있는 기능입니다.
  - 중·고등학교에서 활용도가 높습니다.
  - 드롭다운 기능을 활용하면 더욱 유용합니다.
  - 한글 및 PDF 파일 업로드가 가능합니다.
  - 자동 채점 기능이 매우 유용합니다.
  - 서술형보다는 단답형 문제에 적합합니다.
  - QR 코드 또는 크롬 브라우저를 이용하면 접속이 편리합니다.
  - 간혹 채점 오류가 발생할 수 있으므로, 결과 확인이 필요합니다.

- 띵커벨은 유료 결제를 하지 않아도 다양한 콘텐츠를 충분히 즐길 수 있습니다. 무료 회원은 Wi-Fi on 모드에서 최대 20명까지 동시 접속이 가능하며, 교사 인증을 받으면 최대 50명까지 이용할 수 있어 미리 인증 절차를 완료해 두는 것이 좋습니다. 유료 멤버십은 비교적 저렴한 편이며, 학교 단체 가입 시 할인 폭이 더욱 커집니다. 자세한 내용은 중앙 상단의 [지원센터] – [요금제]에서 확인할 수 있습니다.

게임에서 '가로세로 단어 찾기', '흩어진 단어 찾기', '카드 짝 맞추기', 'OX 퀴즈', '그림 맞히기' 등 다양한 재미 요소가 포함되어 있어 수업에 활력을 더해 줍니다.

[가로세로 단어 찾기]

- 입력한 단어(예: 대한민국, 캐나다, 이탈리아 등) 외의 단어는 자동으로 생성됩니다.
- 난이도와 언어(한국어/영어)를 설정할 수 있습니다.

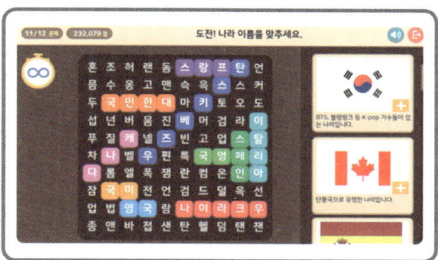

라이브러리를 클릭하면 다른 사용자들이 만든 학습용 게임들이 뜹니다. 이를 그대로 활용하거나 직접 만들 수도 있습니다.

[흩어진 단어 찾기]

- 한국어 단어와 영어 단어 모두 활용할 수 있습니다.

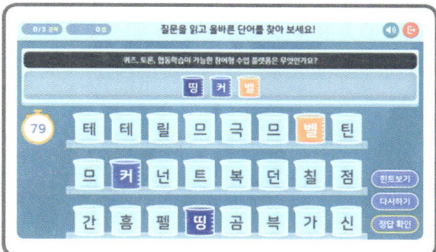

[카드 짝 맞추기]

- 글자뿐 아니라 이미지로도 진행할 수 있습니다.

[문장 순서 맞히기]

- 주로 외국어 수업에서 효과적으로 활용됩니다.

[운석 터뜨리기]

- 터뜨리는 재미 요소에 학생들이 특히 열광합니다.

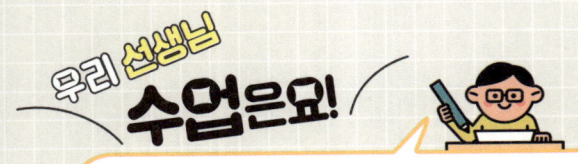

게임처럼 퀴즈를 풀 수 있어서 재미있어요!

띵커벨 수업은 마치 실제 게임을 하는 기분이에요. 선생님이 퀴즈를 시작하면 우리 반 전체가 동시에 접속해 문제를 풀 수 있는데, 속도도 빠르고 정답 결과도 바로 확인할 수 있어 정말 신나요. 특히 친구들과 실시간으로 순위 경쟁이 가능해서 집중도가 훨씬 좋아졌어요. '재밌게 공부한다'는 말이 딱 맞아요.

시험 시간 공부용으로도 활용했어요.

선생님께서 집에서도 접속해 문제를 풀 수 있도록 띵커벨 퀴즈와 학습 게임을 만들어 주셨는데 유용했어요. 공부하다가 쉬고 싶을 때나 집중이 안 될 때, 학급 단체 채팅방에 공유된 링크를 통해 바로 접속할 수 있어요. 어떤 문제에서 틀렸는지도 바로 확인할 수 있어서 복습하기 편했고, 점수를 많이 얻으면 선생님께서 작은 선물도 주셔서 더 열심히 하게 됐어요.

다른 친구들의 생각도 함께 볼 수 있어 좋아요.

띵커벨에 직접 글을 작성하는 활동이 많은데, 제 생각뿐 아니라 친구들의 답변도 함께 볼 수 있어요. '아, 이런 시각도 있구나!' 하고 배우는 점이 많았고, 친구들의 생각을 참고하면서 저도 더 깊이 고민하게 되었지요. 특히 국어, 사회, 도덕 수업 시간에 많이 활용됐어요.

스마트폰, 컴퓨터, 태블릿 모두 사용 가능해요.

띵커벨은 스마트폰, 컴퓨터, 태블릿 등 다양한 기기에서 문제없이 사용할 수 있어 어디서든 바로 참여할 수 있어요. 사용법도 간단해서 따로 배우지 않아도 손쉽게 활용할 수 있어요. 수업 중 기기만 있으면 바로 참여할 수 있어서 편리했어요. 다만, 가끔 퀴즈를 푸는 도중 튕기는 경우가 있어 아쉬웠지만, 중간 입장이 가능해 큰 문제는 없어 괜찮았어요.

가끔 이상한 닉네임으로 들어오는 경우도 있어요.

띵커벨은 로그인 없이 방 번호만 입력하면 참여할 수 있어 빠르고 편리해요. 학교에서 다른 디지털 도구들은 계정과 비밀번호 때문에 로그인을 하는 데 시간이 오래 걸린 적이 많아, 어떤 친구는 가끔 욕설이나 은어를 닉네임으로 설정해 들어오는 경우도 있었어요. 그럴 때는 강퇴시켜야 해요.

시선 집중! 실시간으로 '볼 수 있는' 집계 프로그램

이렇게 활용해 보세요!	예시
동기 유발 간단한 설문이나 브레인스토밍을 통해 학생들의 관심과 흥미를 높일 수 있어요.	사전 지식 확인, 학생 관심사 확인, 관련 경험 확인
확인 학습 객관식과 주관식 퀴즈를 통해 학습 내용을 복습하고 점검할 수 있어요.	형성 평가, 단원 평가, 순위 매기기
질의응답 학생들이 질문을 제출하면 실시간으로 답변해 궁금증을 해결할 수 있어요.	수업 내용 질문, 수행 평가 질문, 과제 질문
실시간 투표 중요한 주제나 의견에 대한 투표를 할 수 있어 전체 의견을 한눈에 확인할 수 있어요.	학급 규칙 만들기, 체험 학습 장소 정하기, 토의·토론 찬반 투표, 자기 평가
데이터 시각화 학생들의 응답을 다양한 형태로 시각화해 내용을 쉽게 이해할 수 있어요.	워드 클라우드, 스케일 척도, 막대그래프

멘티미터 사용 방법

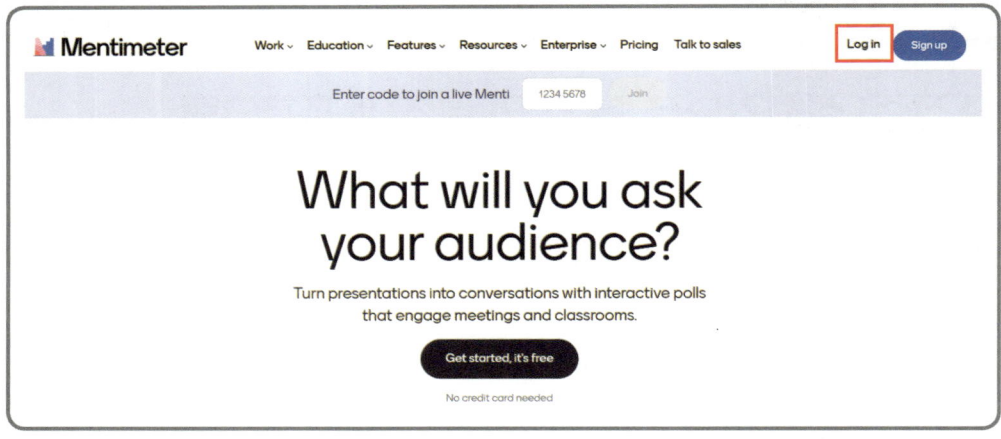

1 주소창에 mentimeter.com을 입력하거나 검색창에서 '멘티미터'를 검색하세요.
별도의 프로그램 설치 없이 바로 사용 가능합니다. 화면 오른쪽 상단의 Log in을 클릭하세요.

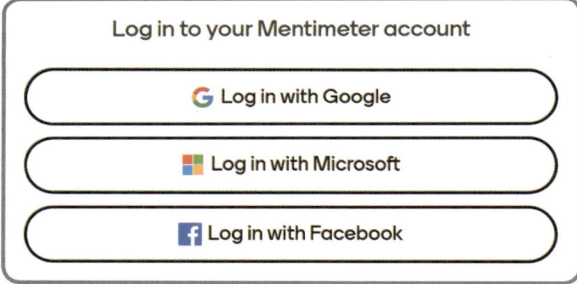

2 멘티미터 계정을 생성하거나 구글, MS, 페이스북 계정으로 간편하게 로그인할 수 있습니다.

> 영어라고 겁먹지 마세요!
> 간단한 표현들이 그림 아이콘과
> 함께 제시되어 어렵지 않습니다.
> 그래도 어려움이 있다면 구글의
> '한국어로 번역' 기능
> (오른쪽 마우스)을 사용하세요.

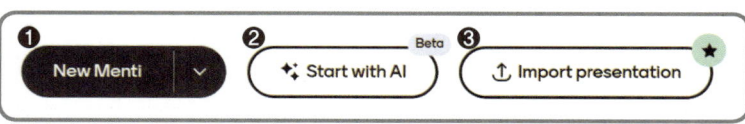

3 로그인 후 화면 중앙에서 프레젠테이션 관련 버튼이 보일 것입니다.

❶ **New Menti:** 새로운 PPT 생성

❷ **Start with AI:** AI가 자동으로 PPT 생성

❸ **Import presentation:** 기존 PPT(PDF) 업로드(Import presentation 기능은 유료!)

4

Start with AI에 주제를 입력하면 관련 질문과 멘티미터와의 상호 작용이 자동으로 생성됩니다.
아이디어를 빠르게 구상하거나, 간편하게 프레젠테이션을 구성하고 싶다면 클릭하세요.

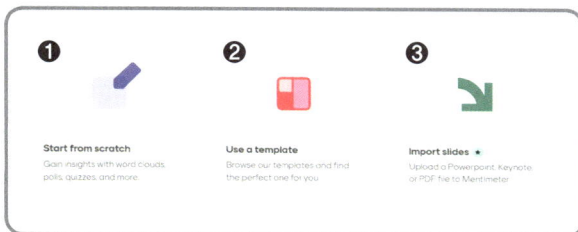

5

[New Menti]를 클릭하면 선택 화면이 나타납니다.flt

❶ **Start from scatch:** 빈 슬라이드에서 새로 시작
❷ **Use a template:** 제공되는 템플릿 중에서 선택
❸ **Import slides:** 자료를 업로드 후 기능 추가(단, 이 기능은 유료입니다.)

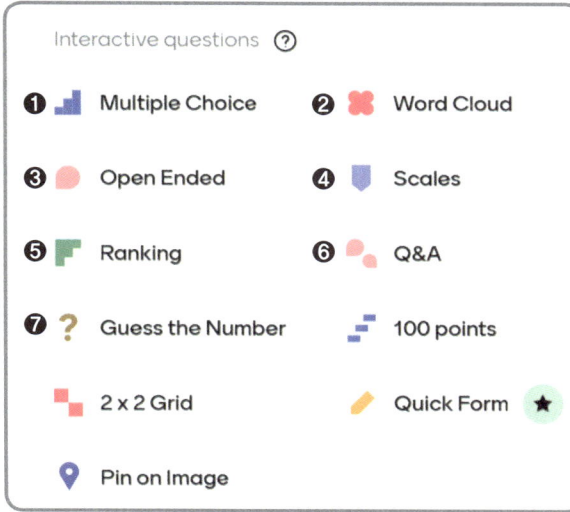

6

[Start from scatch]를 선택하면 상호작용 요소와 퀴즈 유형을 선택할 수 있습니다.

❶ **Multiple Choice:** 객관식 질문
❷ **Word Cloud:** 응답을 구름 형태로 시각화
❸ **Open Ended:** 주관식 질문
❹ **Scales:** 척도형 질문
❺ **Ranking:** 순위를 정하는 응답
❻ **Q&A:** 실시간 질의응답
❼ **Guess the Number:** 숫자를 맞히는 퀴즈

⋯ 그 외에도 다양한 유형이 있습니다.

PART 1 상호 작용　43

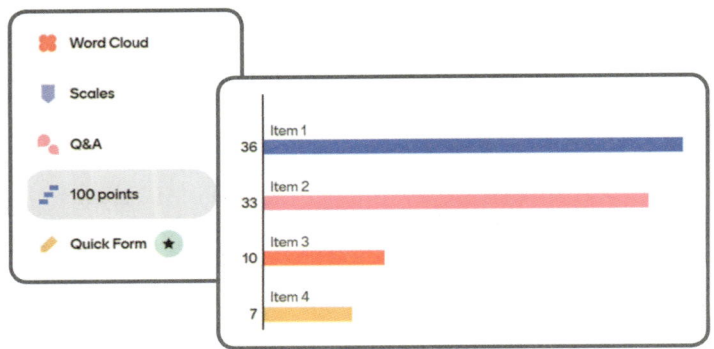

7 각 유형 위에 마우스 커서를 올리면, 슬라이드에 해당 상호 작용 방식의 미리보기가 표시됩니다. 예를 들어, [100points] 기능을 활용하면 학생들이 100포인트를 분배해 우선순위를 설정할 수 있습니다.

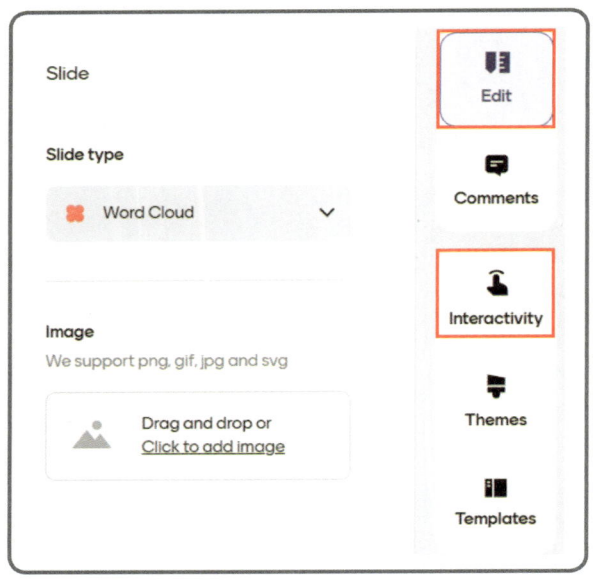

8 유형을 선택한 후, [Edit] 탭에서 이미지를 추가하거나 학생들에게 제공할 번호 또는 QR 코드를 설정할 수 있습니다.
또한 [Interactivity] 탭에서는 응답 방식과 실시간 Q&A를 세부적으로 설정할 수 있습니다.

9 설정이 완료되면, 오른쪽 상단의 [Present]를 클릭해 슬라이드를 시작할 수 있습니다.

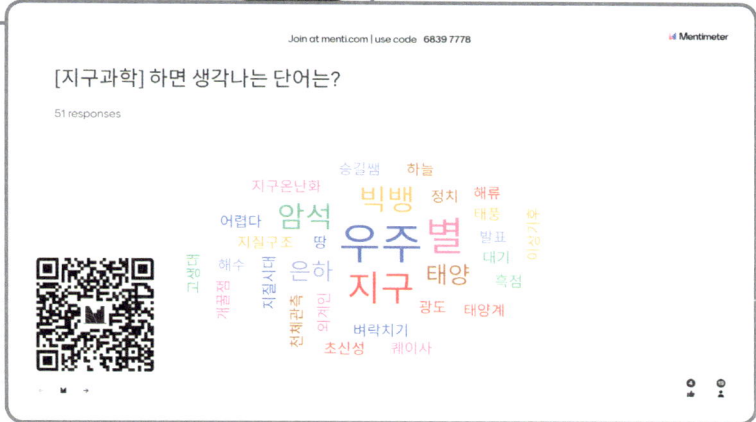

10 [Share]를 선택하면 참여 링크가 생성됩니다. 세 가지 방법 중 원하는 방식을 선택해 참여하면 됩니다!

> ✅ **학생 참여 방법**
> 1. 참여링크 주소를 통해 접속
> 2. menti.com 접속 후, 화면 상단에 표시된 8자리 코드 입력
> 3. 화면 왼쪽에 표시된 QR 코드 스캔

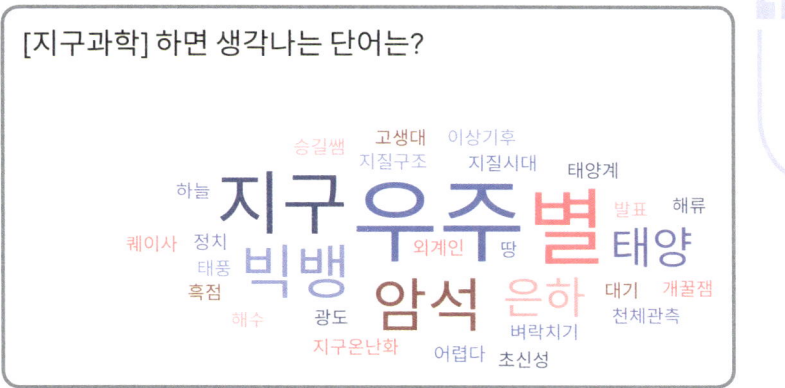

학생들이 입력할 때 '실시간'으로 크기가 달라지는 것이 멘티미터의 매력! (오오~~ 커진다~~)

11 가장 많이 활용되는 유형은 워드 클라우드(Word Cloud)입니다. 학생들이 입력한 키워드가 무작위로 배치되며, 같은 단어가 많을수록 키워드의 크기가 커집니다. 또한 응답 항목을 선택한 후 [Number of Responses]에서 학생들의 응답 개수를 설정할 수 있습니다.

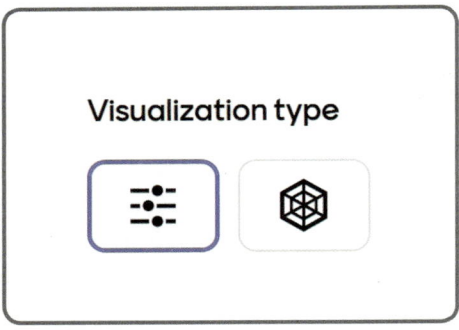

12 다양한 용도로 활용할 수 있는 [Scale] 유형을 살펴보겠습니다.
응답 항목을 선택하면 [Statements]에서 문항을 추가할 수 있고, 하단 [Scale bar]의 명칭과 응답 범위를 자유롭게 설정할 수 있습니다.

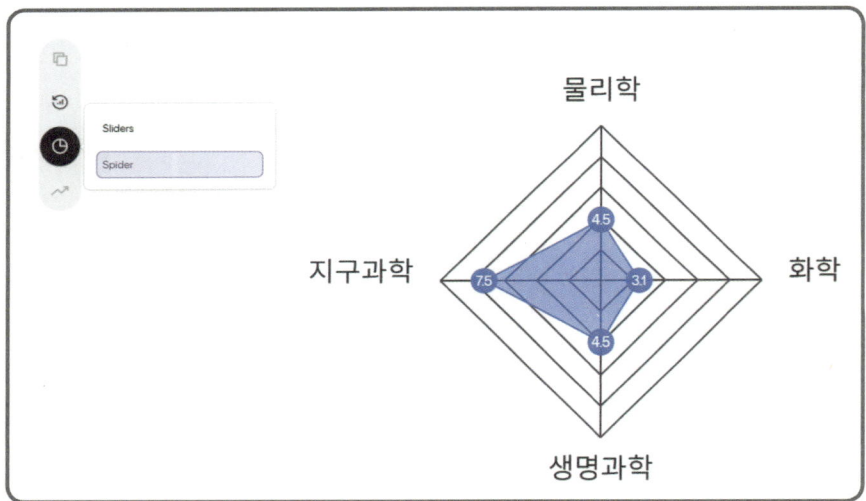

13 슬라이드 화면의 왼쪽이나 하단에 마우스 커서를 올리면 설정 창이 나타납니다.
여기에서 시각화 유형을 변경할 수 있으며, 현재 [Spider Chart]로 변경된 것을 확인할 수 있습니다. 선택한 유형에 따라 설정 옵션이 달라집니다.

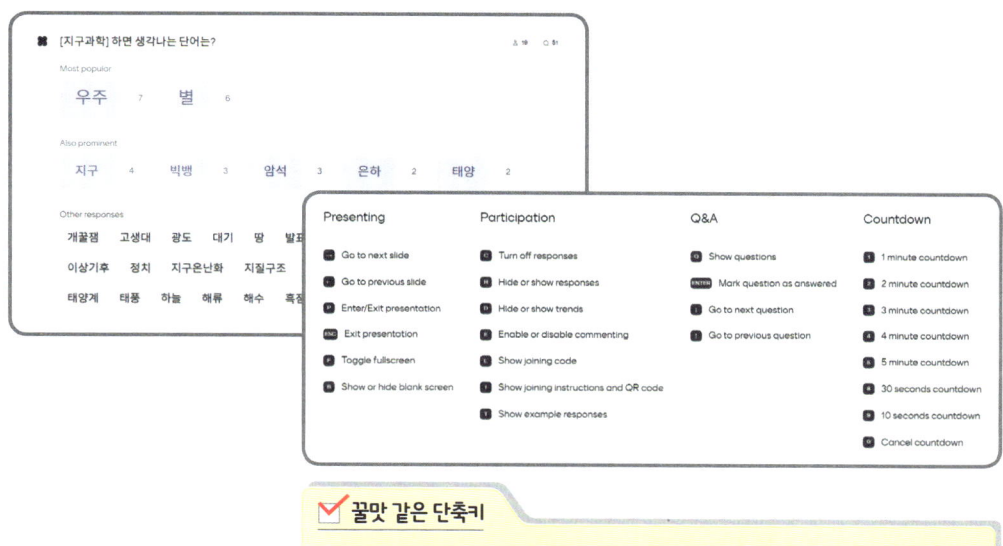

> ✅ **꿀맛 같은 단축키**
>
> P: 프레젠테이션 모드 I: 참여 QR코드 표시
> F: 전체 화면 전환   H: 실시간 응답 가리기
> B: 빈 화면 보여주기   C: 응답 받기 중지

14 화면 상단의 [Results]나 [View results]를 클릭하면 응답 결과를 바로 확인할 수 있습니다.

슬라이드별 응답 및 응답자 수, 세부 응답 내용을 확인할 수 있으며, 화면 오른쪽 [Download] 버튼을 클릭해 슬라이드별 결과를 볼 수 있습니다.

TIP

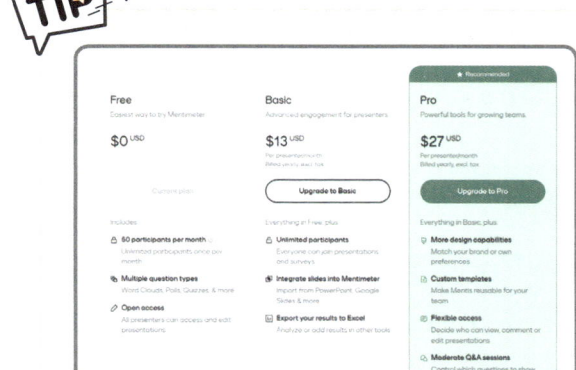

멘티미터의 큰 장점은 실시간 상호작용을 통해 학생들의 참여와 흥미를 극대화하고 응답 결과를 직관적으로 시각화할 수 있다는 점입니다. 단, 무료 (Free) 버전은 월 최대 50명까지만 참여할 수 있으므로, 더 많은 학생들과 활용하려면 Basic 유료 버전을 추천합니다.

페어덱

자는 학생 용납 불가! 참여형 PPT 만들기

https://app.peardeck.com

이렇게 활용해 보세요!	예시
실시간 상호 작용 슬라이드에 퀴즈를 추가해 학생들의 집중력을 높이고 적극적인 참여를 유도해요.	객관식, 주관식, 숫자 입력 등 다양한 형태의 퀴즈 제공
웹사이트 연동 임베드(Embed) 기능을 활용하면 슬라이드 화면을 유지한 채 외부 웹사이트를 연결할 수 있어요.	유튜브 영상 링크를 연결해 슬라이드 안에서 직접 시청
익명 설문 조사 익명으로 응답할 수 있어 학생들이 의견을 자유롭게 표현할 수 있어요.	학급 운영이나 교과 수업에 대한 의견 수렴, 특정 주제에 대한 입장 공유
실시간 피드백 수업 중 학생들의 반응을 실시간으로 확인하고 즉각적인 피드백을 제공해요.	학생이 풀이한 수학 문제 수식을 확인해 수정 방향 제시
평가 기록 학생들의 답변과 반응은 자동으로 저장되어 평가 및 생활 기록부 작성에 활용해요.	실시간으로 작성한 응답을 확인하면서 평가에 반영

페어덱 사용 방법

1. 페어덱은 구글 슬라이드에 다양한 상호 작용 요소를 추가할 수 있는 확장 프로그램입니다. 구글 슬라이드 상단 메뉴에서 [확장 프로그램] – [부가 기능] – [부가 기능 설치하기]를 선택하면 설치할 수 있습니다.

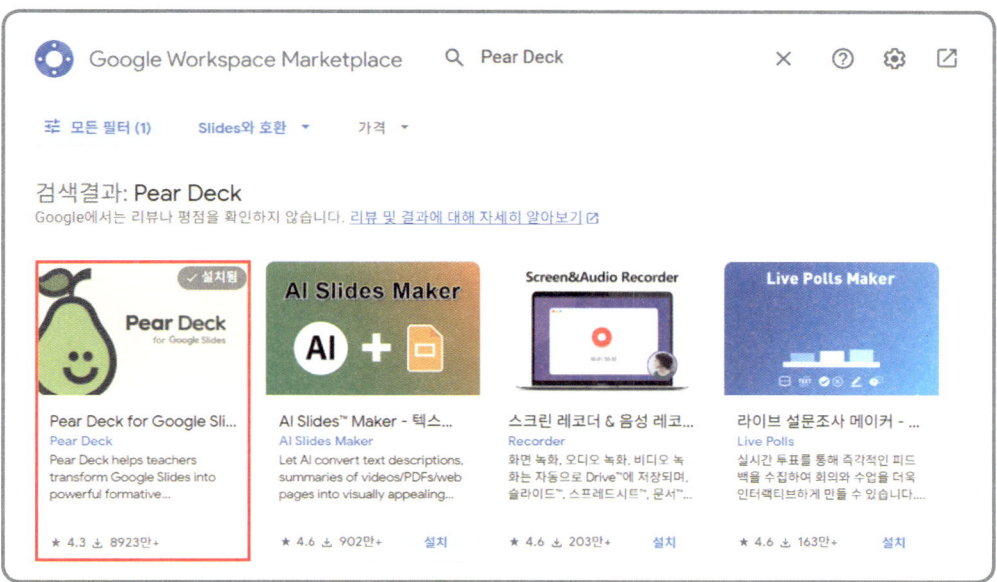

2. 검색창에 'Pear Deck'을 입력하고, 검색 결과에서 [Pear Deck] 아이콘을 클릭합니다.

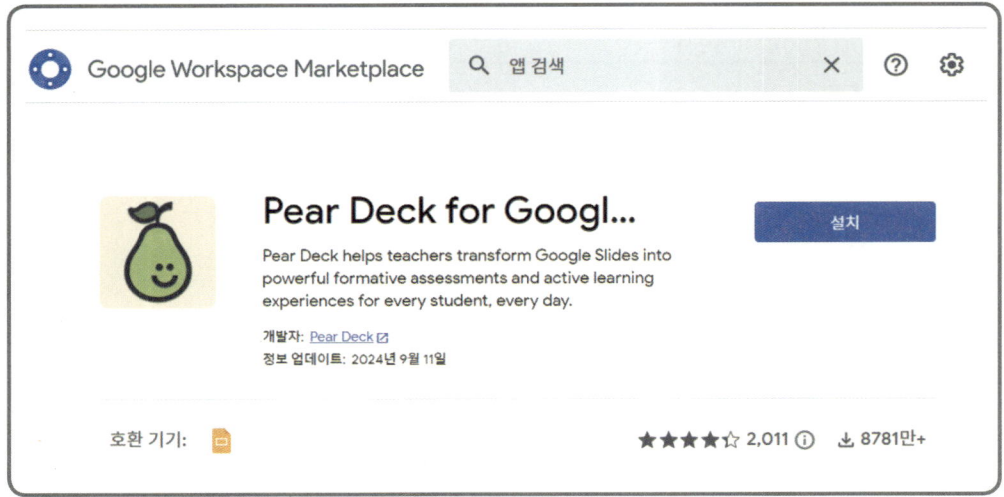

3 설치 버튼을 클릭하면 Pear Deck이 구글 슬라이드에 설치됩니다.

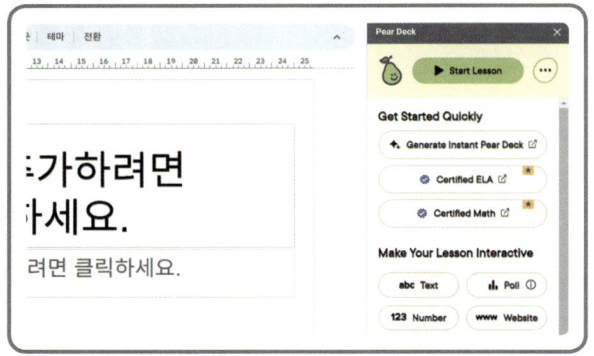

4 설치가 완료되면, 구글 슬라이드 오른쪽 사이드바에 Pear Deck 패널이 활성화됩니다.

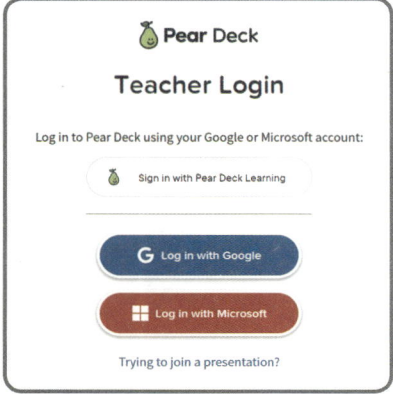

5 사이드바에서 [Generate Instant Pear Decks]을 클릭하면 회원 가입을 할 수 있습니다.
구글이나 MS 계정으로 로그인해 주세요.

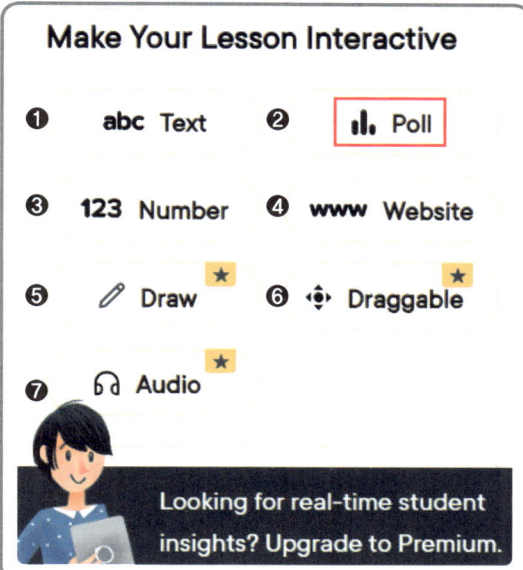

6

페어덱에서 제공하는 상호 작용 요소는 총 7가지입니다.

❶ **Text**: 주관식
❷ **Poll**: 객관식
❸ **Number**: 숫자
❹ **Website**: 외부 링크 연결
❺ **Draw**: 그리기
❻ **Draggable**: 객체 이동
❼ **Audio**: 음성 삽입, 녹음

각 기능을 클릭하면 슬라이드에 바로 반영됩니다.

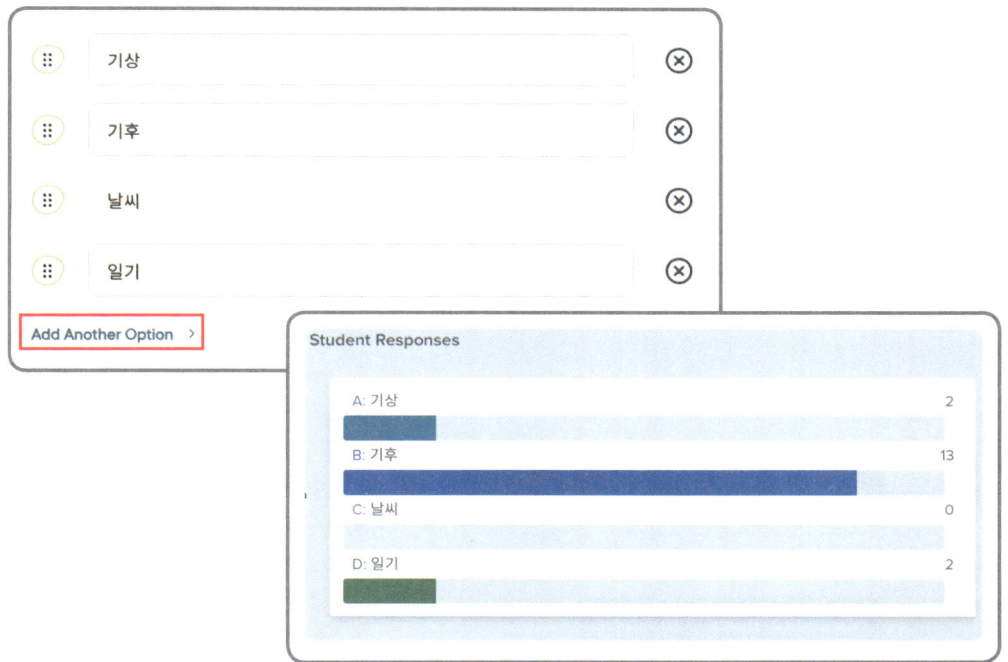

7

[Poll] 기능을 선택하면 문항과 객관식 선택지를 설정할 수 있습니다.
[Add Another Option] 버튼을 클릭하면 최대 26개까지 선택지를 추가할 수 있습니다. 학생들의 응답이 완료되면, 왼쪽 그림과 같이 결과가 시각적으로 정리되어 나옵니다.

Add a Website to Your Slide

Remember all websites must start with https:// to ensure student data remains private and safe. If a URL you entered is not loading, it may not be secure or embeddable.

| https:// | www.example.com |

8 [Website]를 선택하면 학생들이 이동할 링크를 입력할 수 있습니다.
슬라이드를 벗어나지 않고 웹사이트를 열 수 있어 수업 흐름이 끊기지 않습니다.

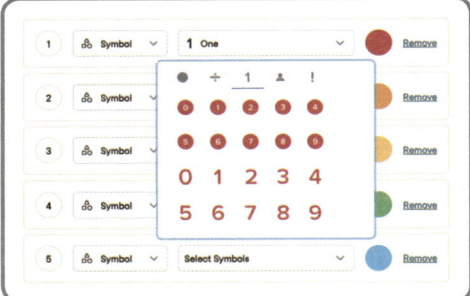 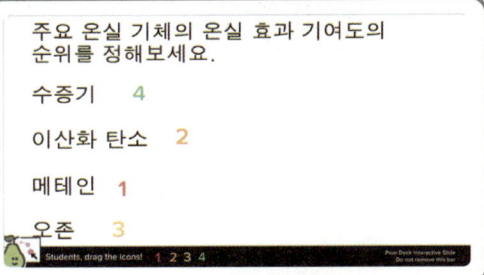

9 [Draggable] 기능을 클릭하고 슬라이드에서 학생들이 선택할 객체를 지정합니다. 시간별 순서로 나열하거나 OX 퀴즈에서 의견을 제시할 수 있고, 왼쪽 그림처럼 순위에 따라 숫자를 배치할 수 있습니다.

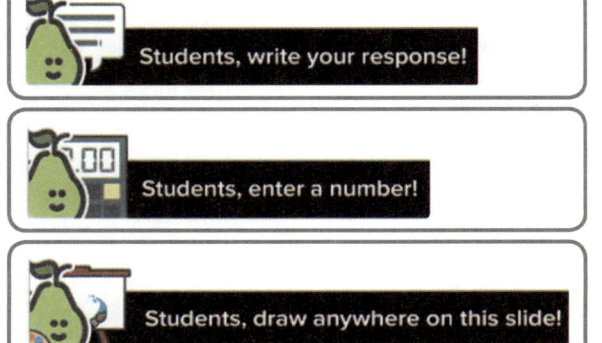

10 [Text], [Number], [Draw]를 선택하면 특별한 설정을 하지 않아도 슬라이드 하단에 그림이 추가됩니다.

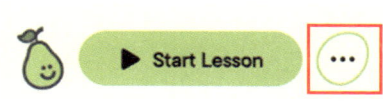

11

오른쪽 사이드바에서 메뉴 버튼(…)을 클릭하고 [Require Student Logins] 항목을 비활성화하면, 학생들은 별도의 로그인 없이 참여할 수 있습니다.

12

[Start Lesson] 버튼을 클릭하면 프레젠테이션이 시작되며, 사용 모드를 선택할 수 있습니다.

- Student-Paced Activity: 학생이 스스로 진도 조절 가능
- Instructor-Paced Activity: 교사가 진도 조절

13 학생은 joinpd.com에 접속한 후, 수업 참여 코드 6자리를 입력하면 해당 슬라이드로 접속할 수 있습니다. 처음에는 이 과정이 번거롭지만, 적응하면 학생들도 잘 따라옵니다.

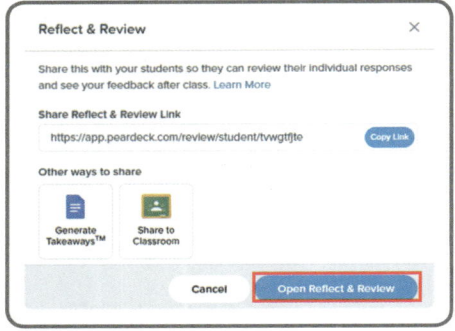

14
수업이 끝나면 학생들의 응답과 기록을 모두 저장할 수 있고, 링크를 통해 공유하거나 구글 클래스룸에 전송할 수 있습니다.
[Open Reflect & Review]를 클릭하면 학습 결과를 토대로 개별 피드백을 제공합니다.

TIP

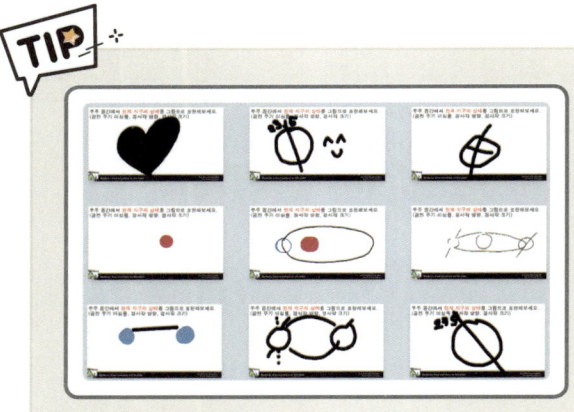

　페어덱의 가장 큰 장점은 참여한 학생들의 개별 응답을 실시간으로 확인할 수 있다는 점입니다. 특히 왼쪽 그림처럼 한눈에 보기 쉽게 정리된 형태로 확인할 수 있습니다.
　다만, Draw, Draggable, Audio 기능은 일정 기간이 지나면 유료로 전환됩니다. 무료로 제공되는 기간에 먼저 사용해 본 후, 만족스러우면 결제를 고려해 보세요!

💬 수업 시간에 구글 슬라이드를 자주 사용하는데, 학생들의 생각을 실시간으로 확인하고 싶을 때, 페어덱만큼 좋은 도구가 없어요. 특히 발표를 어려워하거나 조용한 학생들도 슬라이드에 의견을 남기면서 자연스럽게 참여하게 됩니다. 실제로 수업 몰입도가 눈에 띄게 높아졌어요.

(경기 중학교 영어 교사, Helena)

💬 페어덱은 PPT 기반이라 기존 수업 자료를 그대로 불러와 사용할 수 있어서 참 편리해요. 질문 템플릿을 슬라이드 사이에 간단히 삽입할 수 있고, 수업 중간중간 학생들의 응답을 실시간으로 확인할 수 있어 형성 평가에도 아주 효과적인 도구라고 생각합니다.

(충남 고등학교 음악 교사, 힘)

💬 페어덱과 니어팟은 비슷한 도구인데, 페어덱이 조금 더 가볍고 빠른 느낌이에요. 니어팟은 기능이 더 많고 효과적이지만, 로딩 시간이 조금 더 걸릴 때가 있거든요. 페어덱의 아쉬운 점은 한글 입력 시 가끔 오류가 생기고, 교사용 유료 기능이 많아 무료 버전에서는 활용에 한계가 있다는 점이에요. 그럼에도 수업을 쌍방향으로 만들고 싶을 때는 정말 강력한 도구라고 생각해요.

(세종 초등학교 교사, 은지)

💬 페어덱은 현장 수업보다는 온라인 수업에서 특히 더 유용하다고 느꼈어요. 저는 교원 연수 강사로도 활동하고 있는데, 온라인 수업에서는 수강생들이 수업에 집중하고 있는지 확인하기 어려울 때가 많거든요. 그런데 페어덱을 활용해 수업 중간에 질문을 던지고 응답을 받아 보면 학습 참여도를 확실히 높일 수 있었습니다.

(서울 고등학교 정보 교사, 귀요미)

PART 2 학습 관리

슬기로운

교사 생활을 위한
'이지(Easy)'
학습 관리 프로그램

| 다했니? 다했어요! | 초간편 수업 및 업무를 위해 교사가 만든 올인원 시스템 |

| 구글 클래스룸 | 클래식은 영원하다! 학급 & 학생 & 과제 관리 한방에 끝! |

〝 다했니? 진짜니? 〞

학생들에게 "다했니?"라고 물으면 돌아오는 대답은 언제나 "다했어요!"입니다. 하지만 과연 정말 다했을까요? 교사는 과제 관리뿐만 아니라 학생 개별 피드백, 학급 운영까지 다양한 업무를 함께 맡고 있습니다. 하루에도 수십 번 확인하고 점검해야 할 일들이 끊임없이 이어지지요. 이제는 디지털 학습 관리 프로그램을 활용해 보다 학생과 효율적으로 소통하고 체계적으로 학습을 관리할 수 있게 됐습니다.

수업과 업무를 동시에 관리하는 것은 교사에게 늘 큰 부담이었습니다. 그러나 다했니? 다했어요! 프로그램은 교사가 직접 개발한 초간편 수업 - 업무 올인원 시스템으로, 실제 교육 현장에서 실질적인 도움을 주기 위해 설계됐습니다. 출석 확인부터 과제 제출, 개별 피드백, 학급 공지까지 하나의 플랫폼에서 해결할 수 있어 교사의 업무 부담을 줄이고 학생의 학습 참여도를 높이는 데 큰 역할을 합니다.

특히 구글 클래스룸은 교육 현장에서 가장 널리 사용되는 학습 관리 도구로,

- 학생 및 학급 관리
- 과제 제출 및 수업 자료 업로드
- 개별 피드백 제공
- 학습 진행 상황 실시간 확인

등의 기능이 있어 교사와 학생 간의 소통이 원활합니다. 또한 학부모와의 연계를 통해 학습 진행 사항을 공유할 수 있어 보다 체계적인 학습 지원도 가능합니다.

디지털 학습 관리 시스템을 도입하면 학생들은 스스로 학습을 계획하고, 과제를 체계

　적으로 관리할 수 있습니다. 교사는 학생들의 학습 현황을 한눈에 파악할 수 있어 개별 맞춤 지도가 가능합니다. 또한 단순한 출석 확인을 넘어 학습 데이터를 기반으로 한 인사이트를 제공해, 학생 한 명 한 명의 강점과 약점을 분석하고 보다 효과적인 교육 방안을 마련할 수 있습니다.

　이러한 시스템은 학생들의 자기 주도 학습 능력을 향상시켜 줍니다. 자신이 제출해야 할 과제와 마감일을 명확하게 확인할 수 있고, 즉각적인 피드백을 받아 학습의 질을 더욱 높일 수 있습니다.

　 또한 실시간 질의응답 및 공지 사항 공유 기능으로 원활한 소통이 가능하며, 수업 자료를 체계적으로 정리해 언제든 다시 참고할 수 있도록 도와줍니다.

　교사들에게도 이러한 프로그램은 큰 도움이 됩니다. 업무 부담이 줄어드는 것은 물론, 학생 개개인의 학습 과정을 보다 정확하게 파악할 수 있어 맞춤형 교육이 가능합니다. 또한 학생들의 학습 이력을 데이터로 분석해 학습 패턴을 이해하고, 필요한 경우 추가 지도나 보충 학습을 제공할 수 있습니다. 이를 통해 보다 효율적인 교육 방안을 수립하고, 학습 성취도를 높이는 데 실질적인 교육 효과를 향상시킬 수 있습니다.

　이제는 전통적인 방식의 학습 관리에서 벗어나 스마트한 학급 운영이 필요한 시대입니다. PART2를 통해 디지털 학습 관리 도구를 효과적으로 활용하는 방법을 익히고, 교사와 학생 모두가 보다 편리하고 효율적인 학습 환경을 만들어 가길 바랍니다. 학생과 교사가 함께 만들어 가는 스마트한 학습 환경, 이제 우리도 함께 시작해 볼까요~?

다했니? 다했어요!

초간편 수업 및 업무를 위해 교사가 만든 올인원 시스템

https://www.dahandin.com
https://www.dahandout.com

이렇게 활용해 보세요!	예시
수업 자료 배부 모바일 애플리케이션(앱, app)을 활용하면 수업 자료를 쉽고 간편하게 배부할 수 있어요.	PDF, 한글 파일, 링크 등 다양한 형태로 자료 배부
학급 관리 및 피드백 개별 및 반복 과제로 학생의 역할을 명확히 파악할 수 있으며, 개별 피드백을 제공해 학생 상담도 가능해요.	역할 수행 후 사진 인증, 교사와 학생 간 1:1 Q&A 운영
교-수-평-기 일체화 수업, 평가, 기록을 하나의 플랫폼에서 통합 관리하며 과정 중심 평가를 실천해요.	수업 자료 배부 → 과제 수행 → 즉각적인 피드백 → 누가 기록
과제 제출 관리(디지털 포트폴리오) 학생들의 과제 제출 현황을 실시간으로 확인하고, 미제출자에게 알림을 보낼 수 있어요. 또한 제출한 과제는 개인 포트폴리오로 활용해요.	과제 마감일 설정, 미제출자 알림, 프로젝트별 과제 관리
AI 기반 학교 생활 기록부 AI 기능을 활용해 누가 기록, 과제, 체크리스트 등을 바탕으로 자동 추천 문구를 생성해요.	과목별 세부 능력 특기 사항, 자율·진로 특기 사항, 행동 특성 종합 의견 관련 초안 작성

난이도 ★☆☆☆☆ 활용성 ★★★★★ 대중성 ★★★★★ 경제성 ★★★★☆

다했니? 다했어요! 사용 방법

1

검색창에 선생님은 '다했니?', 학생은 '다했어요!'로 검색합니다.
'다했니?'는 웹으로, '다했어요!'는 웹과 모바일 애플리케이션으로 접속할 수 있습니다.

2

학생은 별도의 회원 가입 없이, 선생님이 '다했니?'에서 발급한 개별 코드(9자리)를 이용해 접속합니다.
모바일 애플리케이션은 최초 1회 로그인 후 자동 로그인이 되고, 웹에서도 같은 코드를 사용합니다.

3

'다했니?' 화면 왼쪽에는 학생별 보기, 과제별 보기, 알림장, 체크리스트, 우리 반 리포트 등 5개 탭을 확인할 수 있습니다.
이 중 자주 사용하는 탭은 [과제별 보기]와 [우리 반 리포트] 입니다.

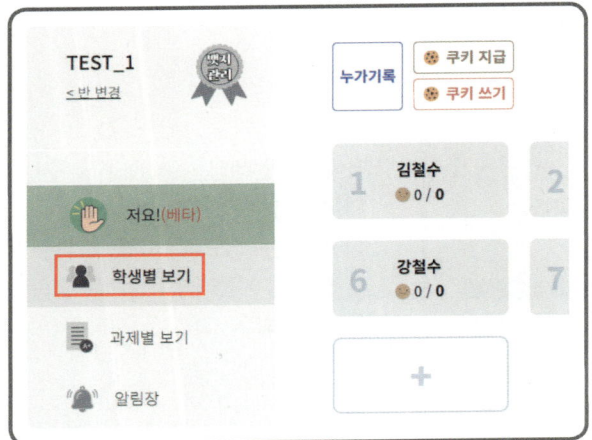

4

왼쪽 탭에서 [학생별 보기]를 선택하면 개인별로 제출한 과제를 확인할 수 있습니다.

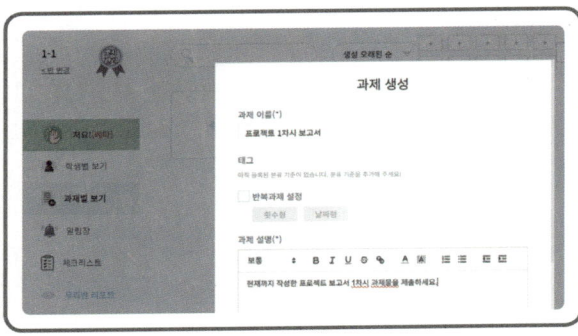

5

왼쪽 탭에서 [과제별 보기]를 선택한 후, [+]를 클릭해 새로운 과제를 생성합니다. [횟수형] 과제는 최소 2회부터 최대 21회까지 제출할 수 있으며, [날짜형] 과제는 지정된 날짜에만 제출할 수 있습니다.

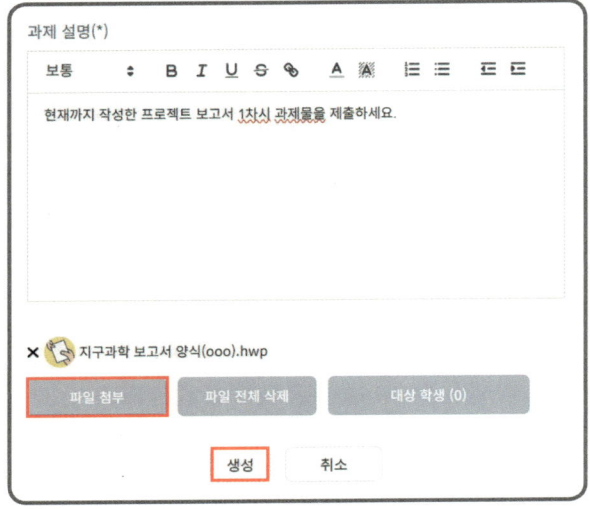

6

하단의 [파일 첨부]를 클릭하면 한글 파일, PDF, 그림 파일, 영상 등 다양한 형식의 자료를 첨부하여 과제를 배부할 수 있습니다.
[생성] 버튼을 누르면 학생들에게 과제가 전송됩니다.

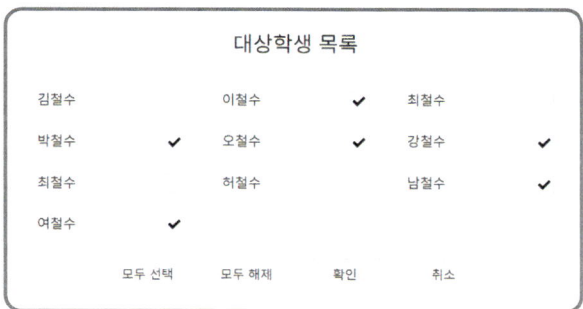

7

[대상 학생]을 선택해 특정 학생에게만 과제를 배부할 수도 있습니다.

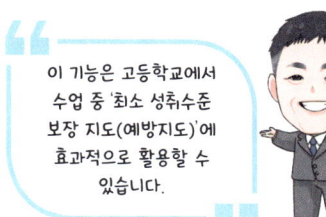

> 이 기능은 고등학교에서 수업 중 '최소 성취수준 보장 지도(예방지도)'에 효과적으로 활용할 수 있습니다.

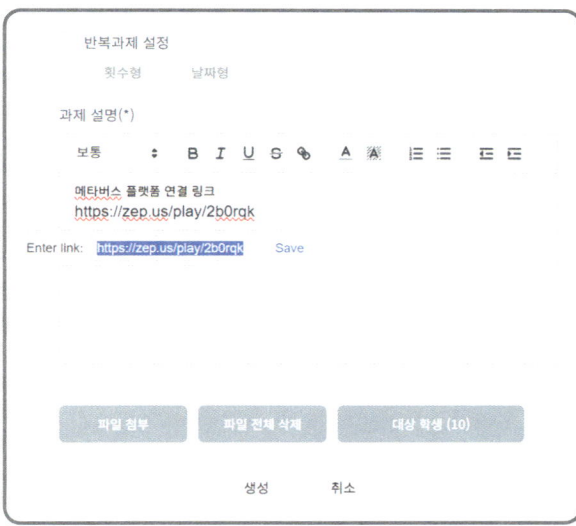

8

[과제 설명] 칸에 웹주소를 입력하면 하이퍼링크로 자동 연결되어 다양한 에듀테크 플랫폼과 연계해 활용할 수 있습니다.

또한 학생들도 링크 형태로 과제를 제출할 수 있어, 무료 제공 데이터 범위 내에서 효율적인 과제 운영이 가능합니다.

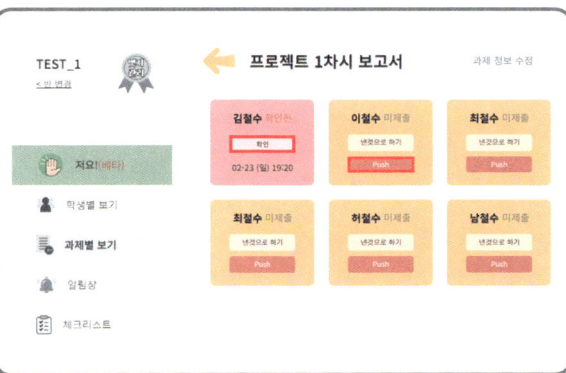

9

학생이 과제를 제출하면 해당 과제 카드 색상이 노란색에서 붉은색으로 변경됩니다.

[확인] 또는 [과제 카드]를 클릭하면 제출된 과제를 바로 확인할 수 있으며, [PUSH] 버튼을 누르면 학생에게 과제 제출 알림을 보낼 수 있습니다.

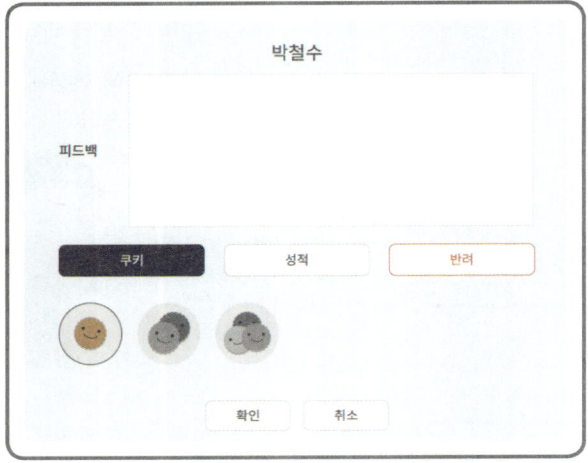

10

[낸 것으로 하기]를 클릭하면 학생이 애플리케이션을 통해 과제를 직접 제출하지 않아도 평가할 수 있습니다. 이 기능을 활용하면 수업 중 학생들의 참여 모습을 기록해 과정 중심 평가에 활용할 수 있습니다.

11

학생이 제출한 과제에 대한 피드백을 작성한 후, 보상으로 [쿠키]를 1개부터 3개까지 지급할 수 있습니다.
지급한 쿠키는 학급 자리 선정, 선생님 도움 요청, 특별 간식 등 다양한 방식으로 보상하면 더욱 효과적입니다.

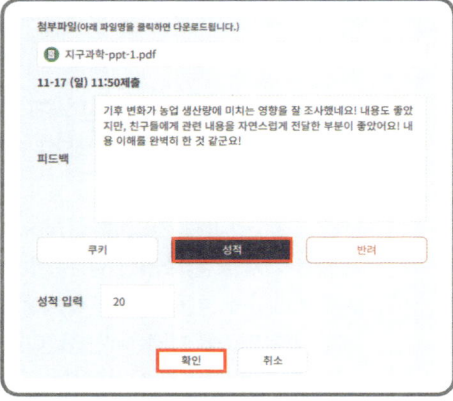

12

[성적]을 클릭하면 입력 칸이 열리며 한글, 숫자, 특수 문자 등 다양한 형식으로 입력이 가능합니다.
만약 성적을 입력하지 않고 [확인]을 누르면 점수 없이 과제 제출로 처리됩니다.

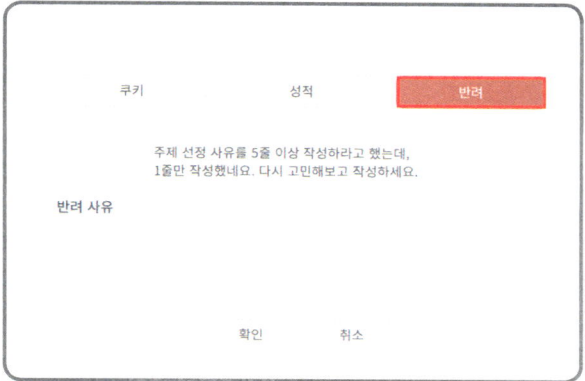

13

학생이 제출한 과제가 마음에 들지 않을 경우, [반려]를 클릭합니다. 반려된 과제는 초기화되어 노란색으로 표시되고, 과제를 재제출하면 덮어쓰기가 됩니다. 대신 학생이 제출한 자료는 기록으로 남아 있습니다.

14

과제에 대한 피드백이나 성적은 해당 학생과 선생님만 확인할 수 있습니다. 개별 Q&A, 과제, 수행 평가 점수를 공유할 때 유용하게 활용할 수 있습니다.

15

[일괄 검사]를 클릭하면, 전체 학생의 과제를 한 번에 검사할 수 있습니다.
[전체 PUSH 보내기] 기능은 과제를 제출하지 않은 학생에게만 알림이 전송되며, 이미 과제를 제출한 학생에게는 알림이 발송되지 않습니다.

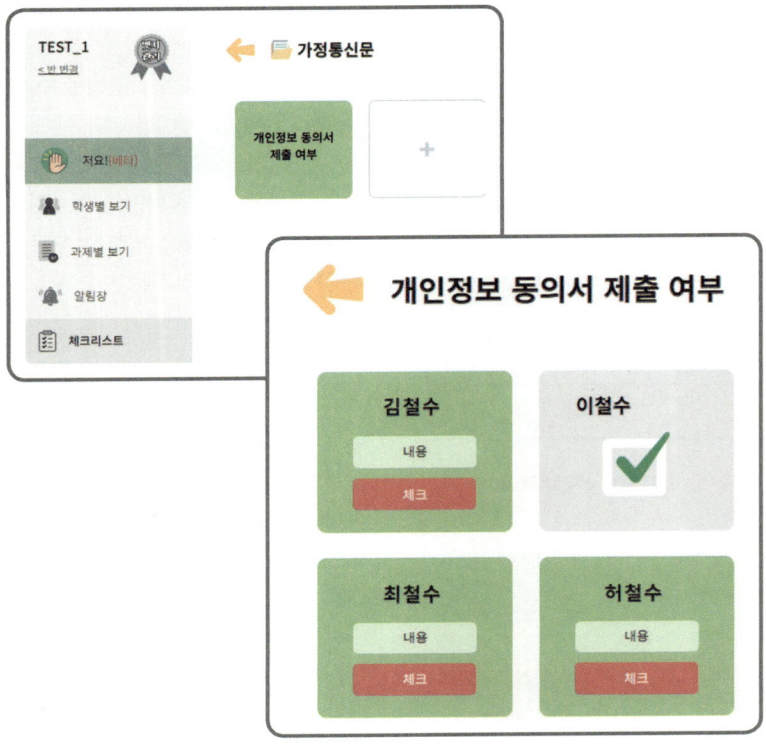

16 [체크 리스트]는 과제 기능과 달리 교사의 화면에서만 관리할 수 있습니다. 가정 통신문, 자료 제출 여부, 현장 체험 학습 등에서 학생 관리에 효과적으로 활용할 수 있습니다.

17 [우리 반 리포트]의 [누가 기록] 탭에서는 학생 개별 기록을 추가 또는 삭제할 수 있습니다. 이를 통해 해당 학생의 기록을 실시간으로 확인할 수 있습니다.

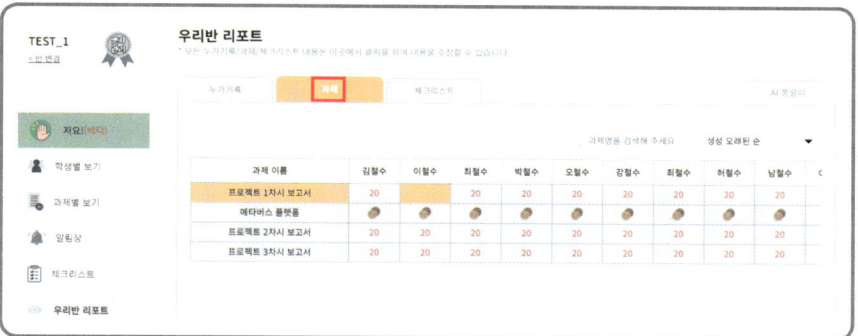

18 [우리 반 리포트]의 [과제] 탭에서는 학생이 제출한 과제 내용과 교사의 피드백을 한눈에 확인할 수 있습니다.

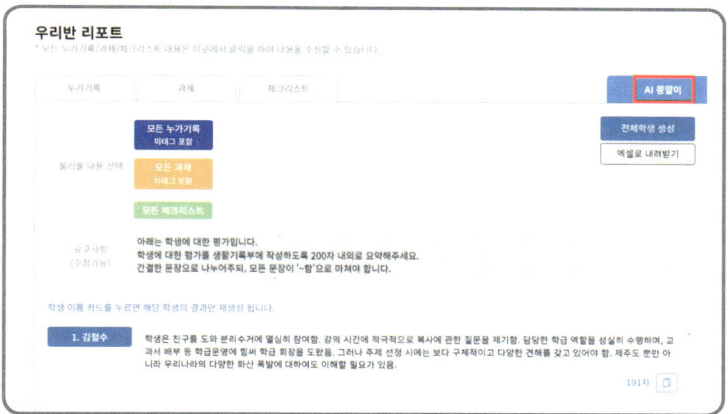

19 [AI 쫑알이] 탭에서 생활 기록부 초안을 자동으로 생성할 수 있습니다. 학생 이름을 클릭하면, 누가 기록과 과제에 대한 피드백을 바탕으로 AI가 생활 기록부 문구를 작성합니다. (이 문구는 반드시 참고용으로만 활용하세요!)

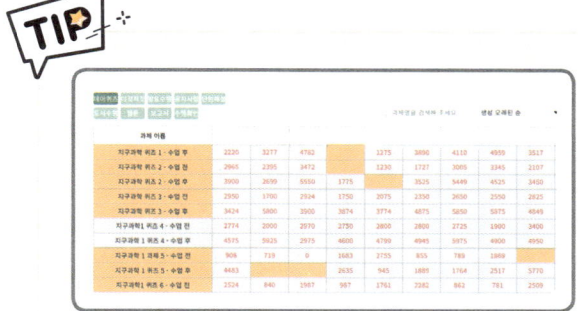

현직 교사가 개발한 '다했니? 다했어요!'는 과정 중심 평가, 학생 맞춤형 평가, 최소 성취 수준 보장 지도 등에 유용하게 활용될 수 있는 디지털 도구입니다.

직관적인 인터페이스(UI)와 강력한 필수 기능을 통해 수업을 더욱 풍성하게 만들어 보세요!

PART 2 학습 관리   67

💬 미술 교과의 특성상 학생들의 학습 과정을 포함해 결과까지 함께 평가하는 경우가 많습니다. 하지만 모든 학생의 작품을 기억하며 순회 지도하기에는 한계가 있어 고민하던 중 '다했니? 다했어요!'를 활용하게 됐습니다. 이 플랫폼은 학생들이 사진이나 글을 손쉽게 제출할 수 있어 작품 제작의 전 과정을 기록할 수 있다는 것이 가장 큰 장점입니다. 덕분에 과정과 결과를 모두 확인할 수 있어 평가할 때는 물론, 생활기록부에 특기 사항을 작성할 때도 매우 유용합니다. 무엇보다 학생들이 개별 코드를 이용해 간편하게 로그인할 수 있다는 점이 가장 만족스러웠습니다.

(경기 고등학교 미술 교사, 헬서)

💬 한 학기 동안 학생들에게 책을 3권 이상 읽고, 독서 기록을 사진과 글로 제출하도록 지도했습니다. 학생들의 기록이 시간순으로 정리되어 자연스럽게 포트폴리오처럼 활용할 수 있었고, 그때그때 첨삭하거나 피드백을 남길 수 있어 매우 편리했습니다. 이렇게 축적된 자료는 생활 기록부를 작성할 때도 큰 도움이 됐습니다. '다했니? 다했어요!'의 AI 기능인 '쫑알이'를 활용하니, 과세특(과목별 세부 능력 및 특기 사항) 작성 시간이 확 줄었습니다!

(경기 고등학교 국어 교사, 망T)

💬 작년까지는 '다했니? 다했어요!'를 학급 운영과 과정 중심 평가에 주로 활용했지만, 올해는 최소 성취 수준 예방 지도에도 적극 활용하고 있습니다. 특히 수업 중에도 예방지도를 실시간으로 진행할 수 있다는 것이 큰 장점입니다. 저는 학생들의 수준에 맞게 문항을 그룹별로 나누어 배부하고 있습니다. 종이로 배부할 때보다 훨씬 효율적일 뿐 아니라, 학생들도 개인 프라이버시를 유지한 채 학습지와 과제를 받을 수 있어 만족도가 높습니다. 비슷한 기능을 가진 도구들이 많지만, '다했니? 다했어요!'만의 강점은 접근성이 뛰어나다는 점입니다. 스마트폰 앱과 웹 모두 지원해 학생들의 상황에 따라 유연하게 활용할 수 있습니다.

(충북 고등학교 수학 교사, 허샘)

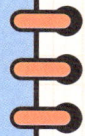

> 💬 '다했니? 다했어요!'가 처음 오픈했을 때부터 꾸준히 활용하고 있습니다. 벌써 3년 정도 사용하고 있는데요, 현직 교사가 직접 만든 플랫폼이라 그런지 현장의 목소리가 잘 반영되어 있다는 것이 가장 큰 장점입니다. 학생들은 코드를 이용해 간편하게 가입할 수 있고 저는 학부모님까지 초대해 공지 사항을 전달하는 소통 창구로도 적극 활용하고 있습니다.
>
> (광주 초등학교 교사, 익명)

> 💬 '다했니? 다했어요!'는 수업뿐 아니라 학급 운영 전반에 잘 활용하고 있습니다. 과제 제출 여부를 실시간으로 확인할 수 있고, 피드백도 간편하게 줄 수 있어 업무 효율이 크게 높아졌습니다. 또한 체크리스트 기능을 활용하면 학급 활동을 체계적으로 정리할 수 있고, 알림장 기능 덕분에 공지 사항도 정확하고 효과적으로 전달할 수 있습니다. 저는 학급 화폐와 같은 특색 활동에도 '쿠키' 기능을 사용하고 있는데, 학생들의 만족도가 매우 높습니다. 수업과 소통, 활동 관리까지 하나의 플랫폼에서 해결할 수 있다는 점이 좋습니다.
>
> (강원 중학교 역사 교사, 문지기)

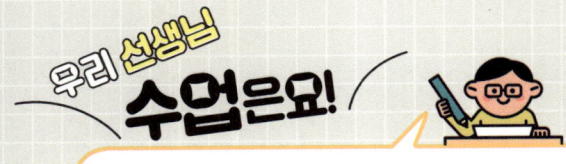

과제 제출이 정말 편리해졌어요.

우리 선생님은 '다했니? 다했어요!'를 통해 과제를 내주시는데, 덕분에 과제 제출이 훨씬 간단하고 편리해졌습니다. 구글 클래스룸보다 접근이 쉽고, 카카오톡보다 개인 정보가 잘 보호되는 점이 특히 마음에 듭니다. 앱에서 과제를 클릭하면 바로 답안을 작성할 수 있고, 파일 첨부도 간편합니다. 동영상, PPT, 미리캔버스 등 다양한 형식의 과제도 문제없이 제출할 수 있습니다. 무엇보다 과제 제출 여부를 한눈에 확인할 수 있어 스스로 관리하기가 쉬워졌습니다.

피드백이 빨라서 정말 좋아요.

'다했니? 다했어요!'를 활용하면서 가장 좋았던 점은 피드백이 빠르다는 것입니다. 지구과학 선생님은 다른 선생님들과 다르게 거의 실시간으로 답변을 주시는데, 그게 바로 이 앱 덕분입니다. 수업 중에 했던 퀴즈는 물론이고, 수행 평가 과제에 대해서도 바로 피드백을 받을 수 있어 매우 유익했습니다. 틀리거나 부족한 부분은 선생님의 의견을 읽고 바로 수정할 수 있었고, 과제도 자유롭게 다시 제출할 수 있어 더 좋았습니다. 빠른 피드백과 수정 기회 덕분에 공부에 더 집중할 수 있었습니다.

비밀(개인 성적)을 지켜 줘요.

'다했니? 다했어요!'를 통해 수행 평가 성적을 개별적으로 확인할 수 있어서 정말 좋았습니다. 다른 친구들에게 보이고 싶지 않은 성적을 나만 볼 수 있어 안심이 됐습니다. 또 발표 수행 평가를 할 때도, 친구의 발표를 평가한 내용을 다른 사람에게 보이지 않게 선생님께만 조용히 전송할 수 있어 편리했습니다. 성적과 평가 내용이 안전하게 보호되는 점에서 신뢰가 커졌습니다.

과제를 한 번에 관리할 수 있어 편리해요.

지구과학, 음악, 미술, 수학 등 여러 과목에서 '다했니? 다했어요!'를 사용하고 있는데, 앱 하나로 모든 과목의 과제와 수행 평가를 한꺼번에 확인할 수 있어 과제 관리가 훨씬 수월해졌습니다. 고등학생이 되면서 과제나 수행 평가가 많아져서 힘들었는데, 자료를 따로 찾거나 헤매지 않고 한 곳에서 바로 확인할 수 있어 많은 도움이 됩니다. 과제 정리와 시간 관리에 어려움을 느끼는 친구들에게 꼭 추천하고 싶은 앱입니다.

구글 클래스룸

클래식은 영원하다! 학급 & 학생 & 과제 관리 한방에 끝!

이렇게 활용해 보세요!	예시
학급 운영 및 소통 실시간으로 공지 사항을 전달하고, 학생들과 원활한 소통을 할 수 있어요.	학급 공지 게시, 학생 질문에 대한 답변
학생 관리 및 개별 피드백 학생별 학습 현황을 확인하고, 개별 맞춤형 피드백을 제공해요.	과제 진행 상황 모니터링, 개별 피드백 댓글 작성, 루브릭을 활용한 평가
과제 생성 및 제출 관리 다양한 형식의 과제를 만들고, 학생들의 제출 현황을 실시간으로 확인할 수 있어요.	다양한 형식의 과제 배포 및 마감일 설정
자동 채점 및 성적 관리 퀴즈 및 평가 과제에 자동 채점 기능을 적용하고, 학생별 성적을 관리할 수 있어요.	Google Forms 퀴즈 자동 채점, 성적 분석 및 관리
자료 공유 및 개별 학습 지원 학생들이 필요한 학습 자료를 쉽게 접근할 수 있도록 제공해요.	강의 영상 업로드, 참고 자료 폴더 생성, 개별 맞춤 학습 자료 제공
협업 학습 지원 그룹 프로젝트나 협업 문서(Google Docs, Slides 등)를 통해 학생들이 함께 학습할 수 있도록 지원해요.	프로젝트 학습, 팀별 발표 자료 만들기

구글 클래스룸 사용 방법

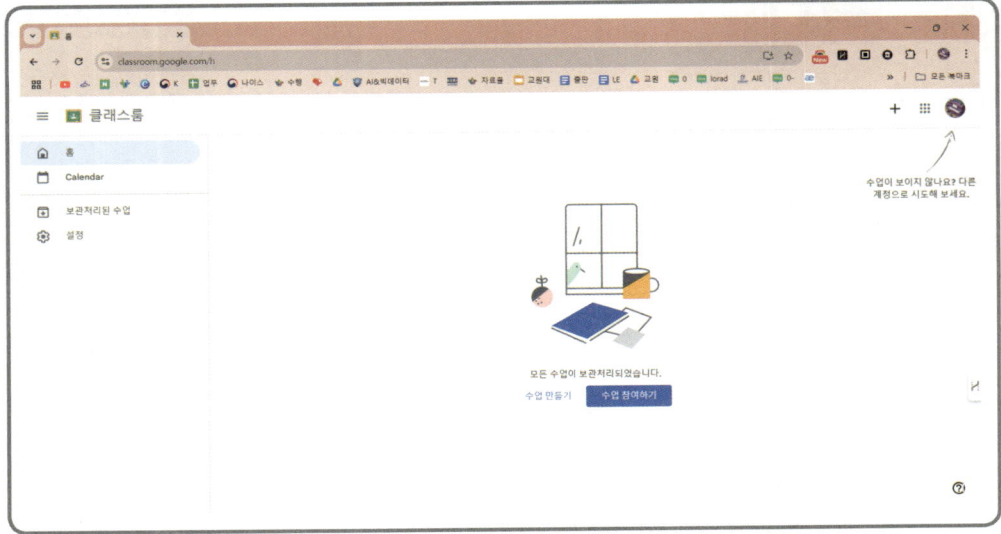

1 주소창에 classroom.google.com을 입력하거나, 검색창에서 '구글 클래스룸'을 검색해 접속합니다.

2 구글 아이디로 로그인합니다. 구글 클래스룸은 개인 계정보다 교육용 구글 계정을 사용하는 것을 추천합니다.

TIP 이미 로그인이 되어 있다면 오른쪽 상단에 [구글 앱(⋮⋮⋮)] 아이콘을 클릭해 접속할 수 있습니다.

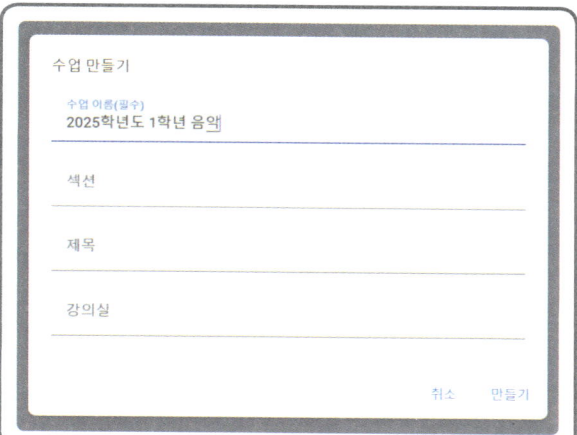

3

수업을 만들어 보겠습니다. 화면 오른쪽 상단의 [+] – [수업 만들기]를 클릭하고 수업 이름을 적어 보세요. 일반적으로 학년도 → 학년 → 과목 순으로 적습니다. (섹션, 제목, 강의실은 선택 사항이니 비워 두셔도 됩니다.)

[2025학년도 3학년 음악] 또는 [2025학년도 3-1반 음악]과 같이 학급을 넣어도 좋습니다.

4

순식간에 클래스가 생성되었습니다. 상단 메뉴를 찬찬히 살펴보겠습니다.

게시판	공지 사항, 과제 등 모든 글이 보이는 메인 공간
수업 과제	학생에게 과제를 배포하는 공간
사용자	교사와 학생 계정을 관리하는 공간
성적	학생 성적을 관리하는 공간

PART 2 학습 관리

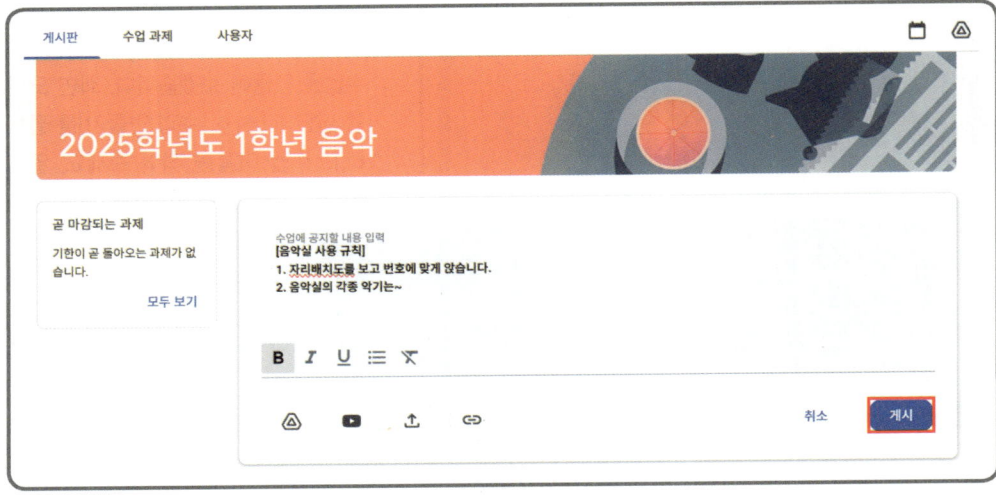

5 공지 사항을 한번 작성해 볼까요? 중앙에 [수업에 공지할 내용 입력]을 클릭해 내용을 작성합니다. 보통 공지는 전체 학생을 대상으로 합니다. (특정 학생을 대상으로 할 경우, 해당 학생만 체크) 작성 후 [게시]를 클릭하면 상단에 표시됩니다.

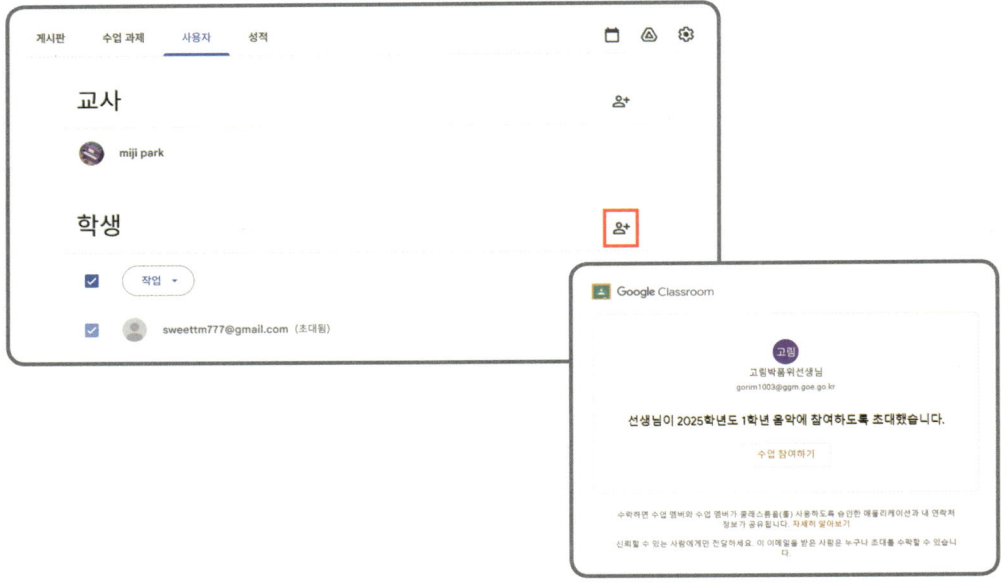

6 학생을 수업에 초대해 보겠습니다. 중앙에 [초대(👤+)] 아이콘을 클릭해 보세요.

초대 링크	교사가 보낸 링크를 학생이 클릭하면 구글 클래스룸 가입 화면으로 연결
이메일 초대	교사가 학생의 구글 이메일을 입력하면, 초대 이메일이 학생에게 발송 (학생이 메일로 들어가 수락하면 가입 화면으로 연결)

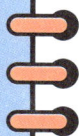

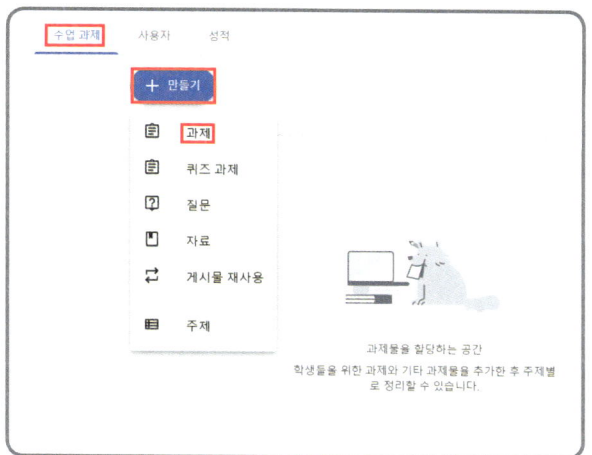

7 다음으로 과제를 만들어 보겠습니다. 가운데 상단에서 [수업 과제] – [만들기] – [과제] 차례로 선택합니다.

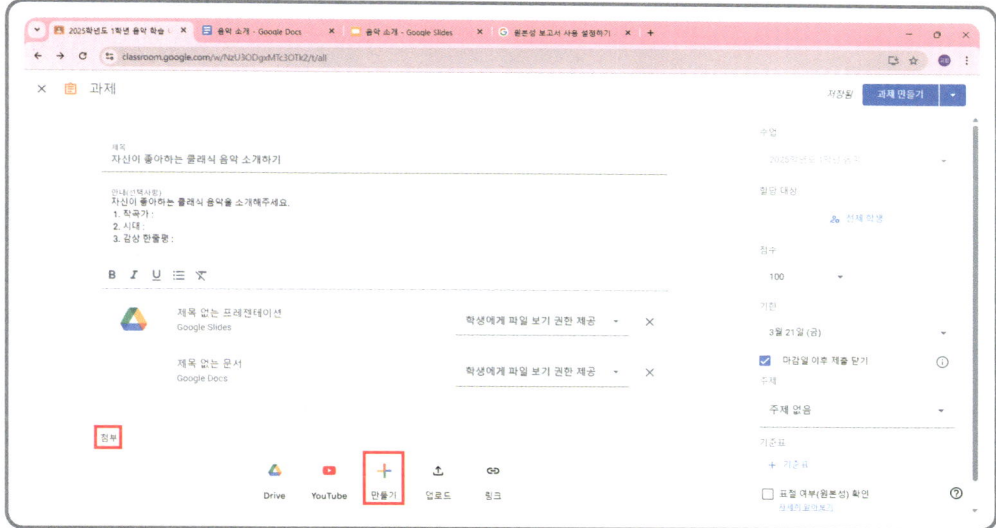

8 [제목]과 [안내]에는 활동 내용이 잘 드러나도록 자세하게 입력하는 것이 좋습니다. 또한 하단의 [첨부]를 통해 구글 드라이브, 유튜브 링크, 파일 업로드, 외부 링크를 직접 첨부할 수 있고, [첨부] – [만들기(+)]에서 각종 구글 도구(Dogs, Slide, Sheets 등)를 만들어 제시할 수 있습니다. 이때 학생에게 제공할 수 있는 옵션이 세 가지 있습니다.

학생에게 파일 보기 권한 제공	교사가 만든 문서를 '열람'만 가능
학생에게 파일 수정 권한 제공	교사가 만든 문서를 함께 '수정'도 가능
학생별로 사본 제공	학생별로 개별 문서를 자동으로 배포

'학생별 사본 제공' 기능을 활용하면 교사의 원본은 유지되며 학생마다 별도의 문서가 생성되어 제출됩니다.

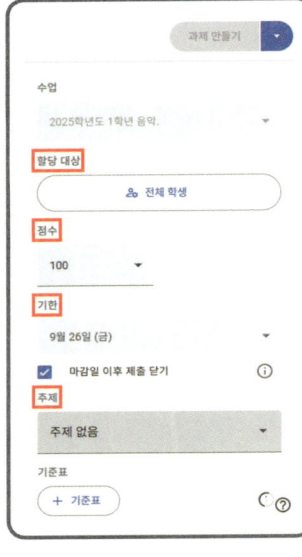

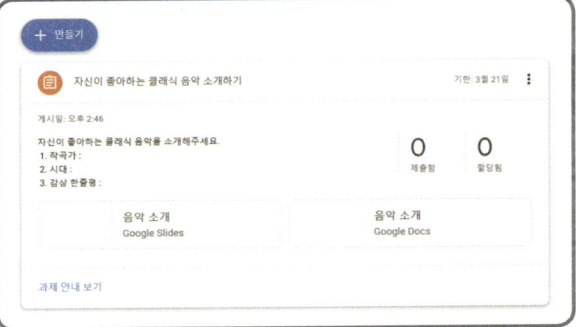

9 오른쪽 [할당 대상]은 전체 학생과 [점수], [기한], [주제]를 함께 지정합니다. 과제 등록 후 다시 재접속해 보면 [제출함], [할당됨]으로 제출 현황을 볼 수 있습니다.

예 30명 중 15명이 제출 했다면, 제출함 15, 할당됨 30이겠지요?

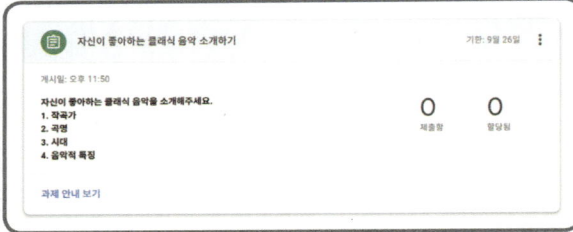

10 그럼 학생은 어떻게 보일까요? 교사가 낸 과제에 들어가 보면 오른쪽 상단에 과제를 제출할 수 있도록 문서가 자동으로 생성됩니다. (이 화면은 '학생별로 사본 제공'의 경우입니다.)

또한 학생은 공개 댓글을 남기거나 교사에게만 보이는 비공개 댓글을 작성할 수 있습니다.

- 평가 기준이 명확해야 하는 수행 평가 과제에는 [기준표] 기능을 사용해 루브릭을 설정할 수 있습니다. 학생은 평가 기준을 보며 활동을 할 수 있고, 교사는 체계적으로 채점할 수 있습니다.
- 간단한 형성 평가는 [수업 과제] – [퀴즈 과제] 형식으로 만들어 자동 채점 기능을 활용하는 것이 편리합니다.
- [과제에 원본성 보고서 사용하기] 기능은 학생이 작성한 구글 문서의 내용을 인터넷 자료와 비교해 표절 여부를 확인해 줍니다.
- 감지된 출처를 링크로 표시하고, 인용 표기가 누락된 부분도 알려 줍니다. 수업당 최대 5개의 과제까지 무료로 사용할 수 있어 중요 과제에만 활용하는 것이 좋습니다.

11

학생이 제출한 과제를 확인하려면, [과제] – [학생 과제물]을 클릭합니다. 그러면 학생들이 제출한 과제 목록이 나타납니다.

만약 구글 문서로 작업 중일 경우, 실시간으로 진행 상황을 확인할 수 있습니다. (실시간 피드백을 하기 좋겠지요!)

12

학생 과제물에 대한 성적 통계는 상단의 [성적] 탭에서 확인할 수 있습니다. 과제별로 점수를 입력하고, 종합적으로 관리할 수 있습니다.

- 구글 클래스룸과 같은 LMS(학습 관리 시스템, Learning Management System)는 반드시 교사 계정으로 수업을 개설하고, 학생 계정으로 확인하는 연습 과정이 필요합니다. 초기에는 약간의 학습이 필요하지만, 한번 나만의 LMS를 구축해 두면 앞으로의 수업 운영이 훨씬 편리해집니다.
- 구글 클래스룸의 또 다른 장점은 작성된 모든 문서들이 수업별로 자동 저장된다는 것입니다. 클래스룸 메인 화면에서 개설한 수업의 하단에 있는 [폴더(📁)] 아이콘을 클릭하면, 해당 수업 모든 파일이 구글 드라이브에 자동으로 정리된 폴더로 연결됩니다.
- 구글 문서는 자동 저장 기능을 기반으로 하기 때문에, 여러 학급의 문서가 섞이면 원하는 문서를 찾기 어려울 수 있습니다. 하지만 이 기능을 활용하면 수업별로 문서를 깔끔하게 정리할 수 있어 매우 유용합니다.

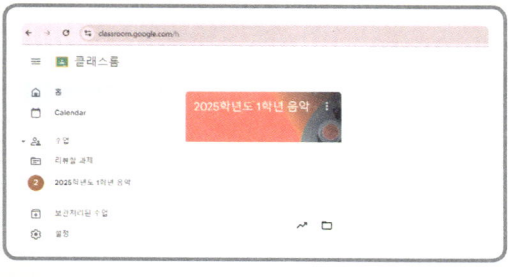

PART 2 학습 관리 77

PART 3 콘텐츠 제작

뚝딱뚝딱
'쉽게' 만드는 업무용
문서 & 학습 콘텐츠

구글도구 업무 효율이 100배! 구글이 만들어 낸 최강 패밀리
(Sheets, Forms, Docs, Slides, 사이트 도구)

캔바 교사를 위한, 교사에 의한, 저작 도구의 끝판왕!

클로바노트 아직도 협의록을 직접 쓰나요? 이제는 맡기세요!

북 크리에이터 모든 학교와 교과목에 적용 가능! 디지털 책 만들기

투닝 초간단 학습 만화 제작하기. 재미 × 유익 두 마리 토끼 잡기!

ZEP 수업에 활력을 불어넣는 메타버스. 학생 참여 100% 보장!

❝ 창작 No, 해 보기 Yes. ❞

　　업무와 수업을 준비하는 과정에서 우리는 끊임없이 새로운 도구와 기술을 접합니다. 하지만 그중 무엇이 내게 도움이 될지, 어디서부터 시작해야 할지 고민이 되곤 하지요. 기술은 빠르게 발전하고 수많은 플랫폼과 프로그램이 등장하지만, 정작 이를 활용하는 방법을 몰라 주저했던 적이 누구에게나 있을 것입니다. 저 역시 예외는 아니었어요.

　　'콘텐츠 제작'이라는 말만 들어도 부담스럽게 느껴질 수 있습니다. 하지만 꼭 거창하고 복잡한 작업일 필요는 없습니다. 이미 우리 주변에 손쉽고 빠르게, 그리고 효과적으로 활용할 수 있는 도구들이 많으니 걱정 마세요. 구글 도구를 활용한 스마트한 문서 작성, 캔바를 이용한 직관적인 디자인, 클로바노트를 통한 자동 협의록 작성, 그리고 투닝과 ZEP을 이용한 학생 참여형 콘텐츠 제작 등 누구나 쉽게 활용할 수 있습니다.

　　기술은 '도구'일 뿐입니다. 중요한 것은 그것을 어떻게 활용하느냐에 달려 있습니다. 하지만 막상 시작하려고 하면 '어디서부터 해야 할까?'라는 고민이 있겠지요? '나도 할 수 있을까?' 하는 걱정은 잠시 접어 두세요. 이 책은 누구나 쉽게 따라 할 수 있도록 구성되어 있으며, 한 걸음씩 따라오다 보면 어느새 디지털 도구를 능숙하게 활용하고 있는 자신의 모습을 발견하게 될 것입니다.

　　이제는 단순한 문서 작성에서 벗어나, 보다 창의적이고 효율적인 방식으로 업무와 수업을 진행할 수 있는 시대예요. 협업 문서 작성부터 자동화된 기록, 학생 참여형 학습 콘텐츠 제작까지, 그동안 어렵게만 느껴졌던 작업들이 이 책을 통해 한층 쉬워질 것입니다.

다음과 같은 디지털 도구들을 활용하면 업무 생산성이 크게 향상됩니다.

- **구글 스프레드시트** – 실시간 공동 작업 가능
- **구글 폼** – 간단한 설문 조사 제작 및 결과 분석
- **캔바** – 디자인 경험이 없어도 손쉽게 홍보·안내 자료 제작
- **클로바노트** – 음성을 자동으로 텍스트로 변환해 협의록 작성 시간 단축

또한 학생들과 함께하는 교육 현장에서도 디지털 도구들은 강력한 힘을 발휘합니다. 투닝을 활용하면 학습 내용을 만화로 표현해 학생들의 흥미를 끌 수 있고, ZEP은 메타버스 공간을 이용한 몰입형 학습 환경을 제공합니다. 이렇듯 다양한 도구들이 존재하지만, 무엇보다 중요한 것은 '어떻게 시작하느냐'입니다. 어렵게 느끼기보다는, 하나씩 익히며 학교 현장에서 직접 활용해 보세요.

가장 중요한 것은 '시작'입니다. 처음에는 생소하고 어렵게 느껴질 수도 있지만, 한 번 익히고 나면 그 편리함으로 인해 익숙해질 것입니다. PART3을 통해 디지털 도구를 적극적으로 활용해 더욱 스마트한 업무 환경과 수업을 만들어 보세요. 선생님들의 변화, 바로 지금부터 시작됩니다!

구글 도구

업무 효율이 100배! 구글이 만들어 낸 최강 패밀리
(Sheets, Forms, Docs, Slides, 사이트 도구)

이렇게 활용해 보세요!	예시
실시간 협업 여러 사용자가 동시에 작업할 수 있고, 모든 변경 사항은 자동으로 저장돼요.	팀 회의록 공동 작성, 프로젝트 진행 상황 공유, 실시간 아이디어 정리
자동 저장 및 접근성 인터넷에 연결되어 있기만 하면 언제든지 파일을 열어 수정할 수 있으며, 변경 내용은 자동으로 저장돼요.	원격 근무 시 문서 수정, 모바일로 회의 자료 확인, 긴급한 업무 처리
효율적인 데이터 관리 문서, 표, 설문 응답, 슬라이드 등 다양한 형태의 정보를 하나의 플랫폼에서 통합적으로 관리할 수 있어요.	업무 일정 관리, 프로젝트 기획안 정리, 데이터 분석 및 시각화
간편한 공유 및 보안 설정 파일의 공유 범위를 자유롭게 설정해, 편집, 댓글, 읽기 권한을 조정할 수 있어요.	팀원 간 업무 문서 공유, 외부 협력사와 자료 공유, 제한된 인원만 수정하도록 설정
연동 및 확장성 구글 드라이브와 연동되어 파일을 쉽게 저장·관리할 수 있어요. 또한 다양한 외부 도구와도 호환됩니다. 디자인이 다양해 수업 목적에 맞게 활용 방법이 무궁무진해요.	Google Meet에서 문서 호환, Gmail에서 파일 바로 공유, 확장 프로그램 추가

난이도 ★★☆☆☆　활용성 ★★★★★　대중성 ★★★★★　경제성 ★★★★★

구글 도구 사용 방법

1. 구글 시트

1 주소창에 google.com을 입력하거나 검색창에서 '구글'을 검색합니다.
오른쪽 상단의 [구글 앱(⋮⋮⋮)] 아이콘을 클릭하면 다양한 도구를 확인할 수 있습니다.

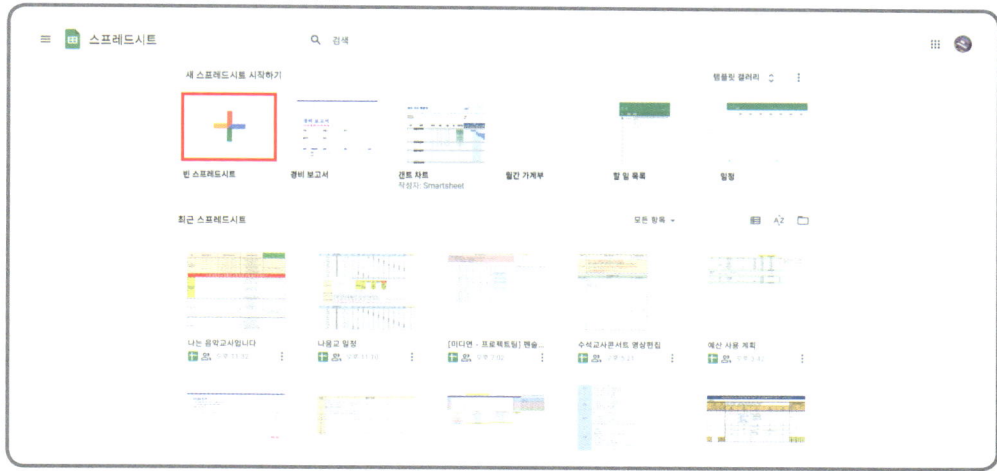

2 가장 먼저 [시트(⊞)]를 눌러 볼까요?
[시트] – [빈 스프레드시트]를 클릭하면 새 문서가 열립니다.

> **TIP** 오른쪽 상단의 [템플릿 갤러리]를 클릭하면 가계부, 할 일 목록 등 다양한 양식들이 있습니다.

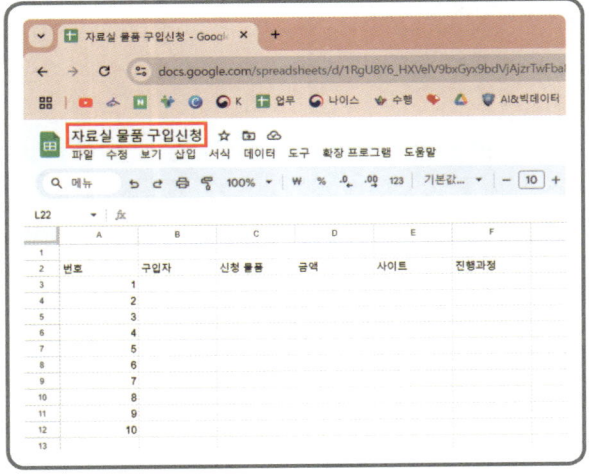

어딘가 익숙하지 않으신가요? 엑셀의 웹 버전(실시간+협업+부가 기능)이라고 생각하면 쉽습니다.

3 새 시트가 생성되었습니다. 왼쪽 상단의 [제목 없는 스프레드시트]를 클릭해 제목을 변경해 보고, 필요한 내용을 입력해 보세요.

> 예 번호, 구매자, 신청 물품 등 입력 방법은 엑셀과 동일하고, 연속된 숫자를 드래그하면 자동 채우기 기능이 적용됩니다. 또한 함수 사용 방식도 모두 동일합니다.

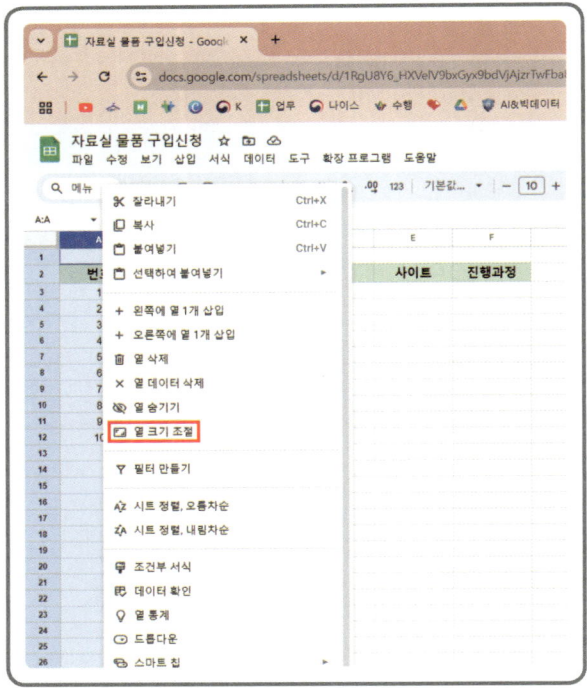

4 문서를 보기 좋게 꾸며 보세요.
상단의 메뉴를 활용해 글자 크기, 색상, 배경색, 글꼴 굵기, 정렬, 테두리 등을 조정할 수 있습니다.
또한 셀 크기도 조절할 수 있는데, 예시로 '번호' 열의 가로 크기를 줄여 보겠습니다.
상단의 [A] 열 제목을 클릭한 후, 마우스를 드래그해 크기를 조정하거나 오른쪽 마우스를 클릭해 '열 크기 조정'으로 수동 설정도 가능합니다.

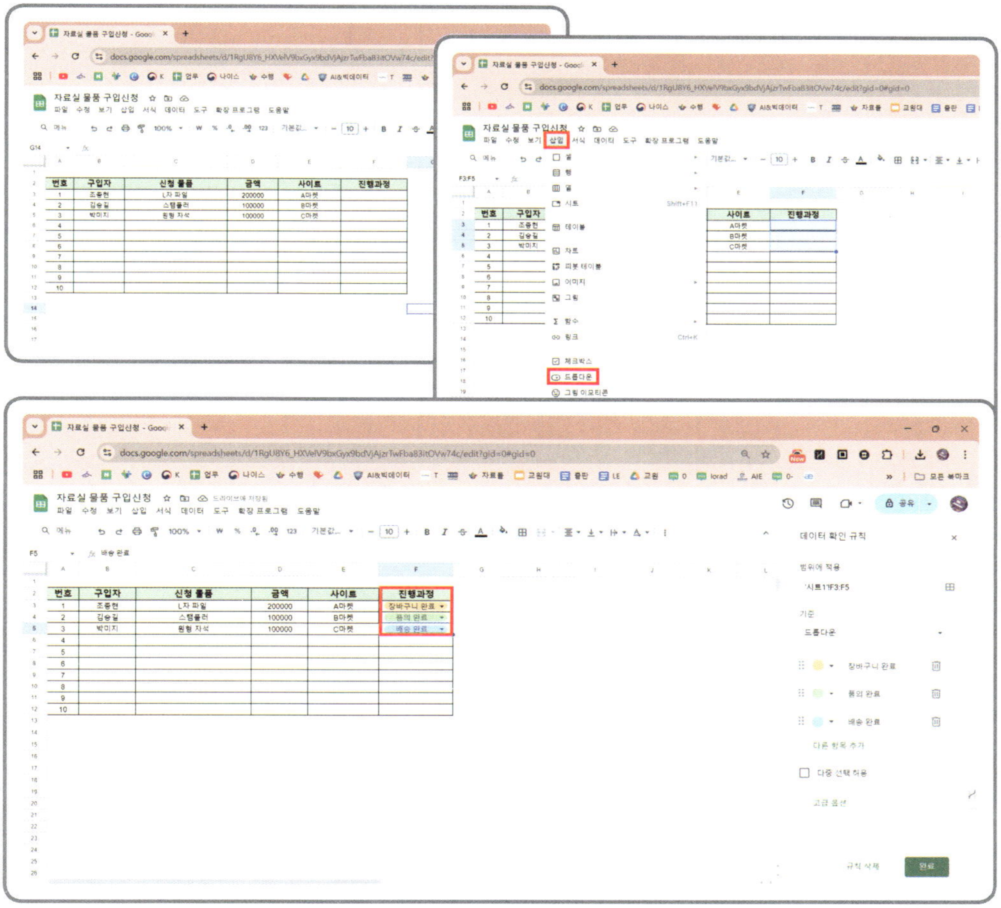

5 보기 좋게 문서가 완성되었습니다. 참 쉽지요? 이제부터는 엑셀과 차별화되는 구글 시트만의 기능을 살펴보겠습니다. 먼저 '진행 과정' 탭에 드롭다운 메뉴를 추가해 보겠습니다. 원하는 셀 선택한 후 – [삽입] – [드롭다운]을 클릭하면 오른쪽에 설정 창이 활성화됩니다.
'장바구니 완료', '품의 완료', '배송 완료'를 입력해 줍니다. 색상도 변경할 수 있어 항목별 진행 상태를 한눈에 구분할 수 있습니다.

금액	사이트	진행과정
200000	A마켓	☑
100000	B마켓	☑
100000	C마켓	☐

6

[체크 박스]도 유용한 기능입니다.
적용할 셀을 선택한 후 [삽입] – [체크박스]를 클릭해 보세요!

TIP 생활 기록부 작성이나 업무 진행 상황 체크 시 아주 유용합니다.

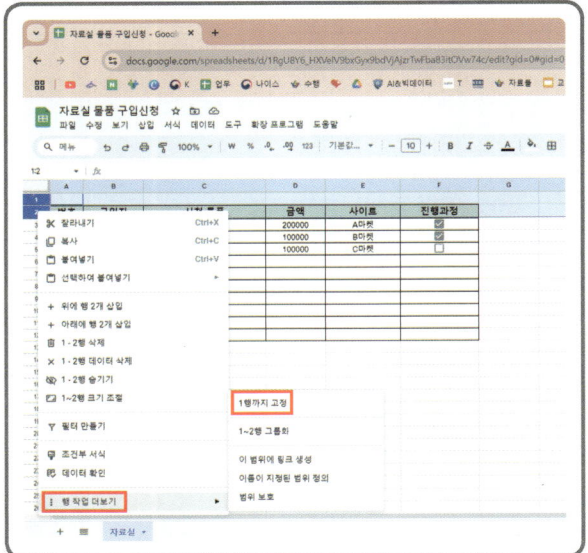

7

이번에는 행 고정 기능을 살펴보겠습니다. 행 고정은 데이터가 많아 스크롤을 내려도 기준 행이 화면 상단에 고정되어 있어 내용을 쉽게 파악할 수 있도록 도와줍니다. 고정하고 싶은 행을 선택한 후, 오른쪽 클릭 – [행 작업 더보기] – [1행까지 고정]을 선택해 보세요.

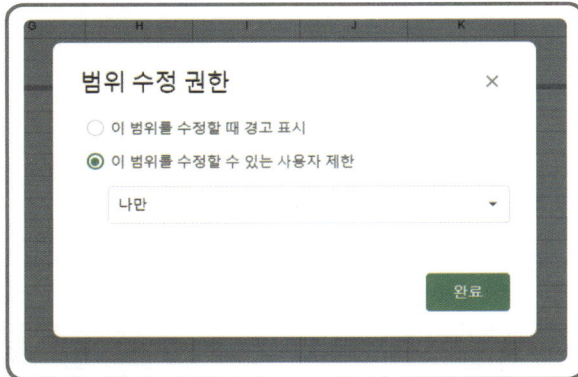

8

구글 시트는 '자동 저장'과 '실시간 공유'를 기반으로 협업을 하는 데 있어 매우 편리합니다. 하지만 중요한 데이터가 있다면 보호해야겠지요?
보호할 셀 범위를 선택한 후, 오른쪽 마우스 클릭 – [셀 작업 더 보기] – [범위 보호] – [권한 설정]을 클릭합니다. 수정 전 경고 메시지를 표시할 수도 있고, 보다 강력한 보호를 원한다면 해당 범위를 수정할 수 있는 사용자를 '나만'으로 지정하면 됩니다.
지정 후에는 다른 사람은 해당 셀을 수정할 수 없고 '보기'만 가능합니다.

- 학사 일정이나 수상 정보처럼 중요 내용은 보호하는 것이 좋습니다.
- 일부 사용자만 수정 가능하게 하려면 '맞춤'을 클릭하고, 이메일 주소를 직접 입력하세요.
- 셀 뿐 아니라 전체 시트를 보호하고 싶을 경우에는 하단의 [시트명 클릭] – 오른쪽 마우스 클릭 – [시트 보호]를 선택하면 [자물쇠(🔒 훼손방지시트)] 아이콘이 표시됩니다.

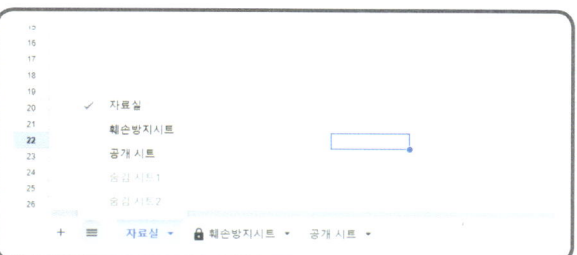

9

하단의 여러 시트를 엑셀처럼 동시에 작업할 수 있습니다. 작업한 시트를 다른 사람에게 숨기려면 시트명을 클릭한 후 [시트 숨기기]를 선택하면 됩니다. 그럼 그 시트는 사라지는 것이 아니라, 나만 보이게 됩니다.

 [목록(≡)] 아이콘을 클릭하면 전체 시트를 확인할 수 있습니다.

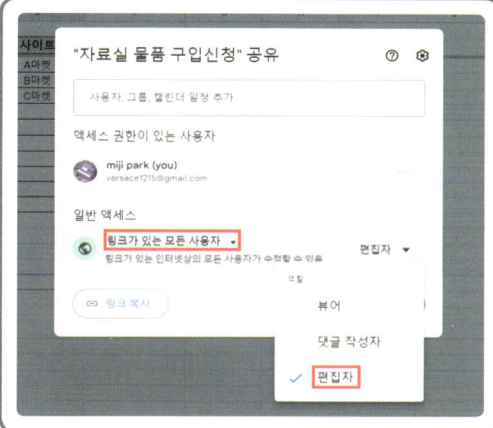

10

잠깐! 다 만든 문서는 아직 다른 사용자에게 공개되지 않았습니다.
오른쪽 상단의 [공유] – [일반 엑세스] – [링크가 있는 모든 사용자] – [편집자]를 선택하면, 누구나 수정 가능한 협업 문서가 됩니다.

구글의 모든 문서는 [공유]를 누르지 않으면 말짱 도루묵 입니다~! 아무도 보지 못하는 나만의 비밀문서를 만드는 꼴이니 반드시 공유 설정으로 마무리하세요.

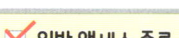 **일반 액세스 종류**

뷰어: 문서 작성은 불가능, 내용 열람만 가능
댓글 작성자: 직접 작성은 불가능, 문서에 댓글 달기만 가능
편집자: 문서 내용 작성 및 수정이 모두 가능

구글 공유 문서를 사용하다 보면, 원하지 않는 데이터가 실수로 삭제되거나 훼손되는 경우가 있습니다. 그럴 때는 오른쪽 상단의 [시계(🕒)] 아이콘을 클릭해 이전 작업 기록을 확인할 수 있습니다. 복원하고자 하는 시점을 선택한 후 '되돌리기'를 하면 됩니다. 하지만 협업 문서는 늘 데이터 훼손과 노출의 위험이 있다는 점을 인지하고 다루어야 합니다. 즉, 다른 사용자가 입력한 정보를 함부로 수정하지 않도록 주의하고, 민감한 개인 정보는 입력하지 않는 것이 좋습니다.

2. 구글 폼

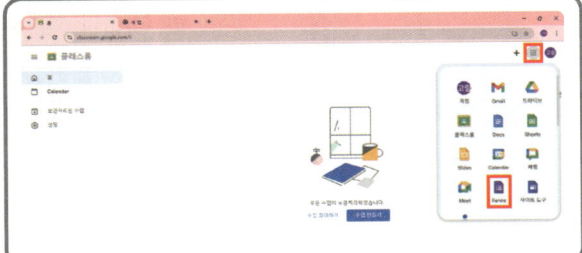

1 주소창에 google.com을 입력하거나 검색창에서 '구글'을 검색합니다. 오른쪽 상단의 [구글 앱(⋮⋮⋮)] 아이콘을 클릭하면 다양한 도구들을 확인할 수 있습니다.

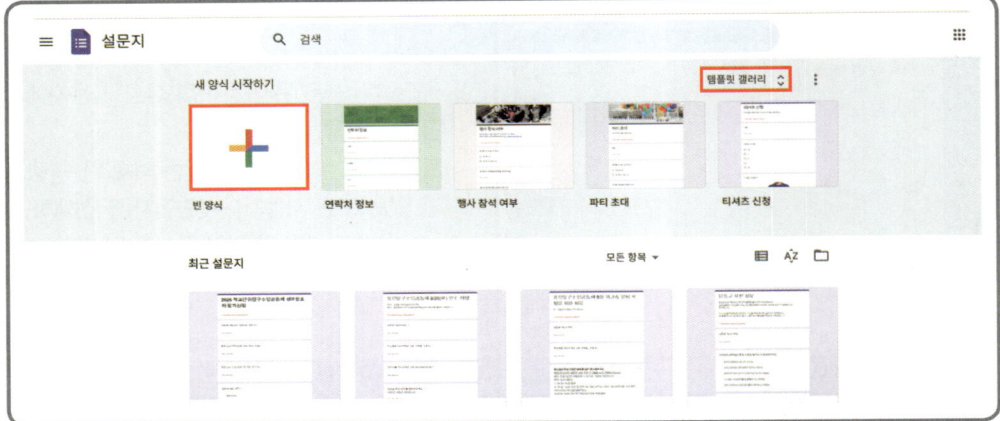

2 [구글 폼(📋)]을 실행해 볼까요? [설문지] – [새 양식 시작하기]를 클릭합니다.

TIP 오른쪽 상단의 [템플릿 갤러리]를 클릭하면 약속 잡기, 행사 참여 여부 등 다양한 양식들이 제공됩니다.

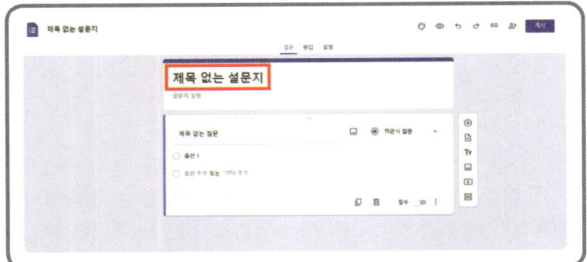

3 '제목 없는 설문지'가 기본 양식으로 만들어졌습니다. 왼쪽 상단 [제목] 영역을 눌러 제목을 변경해 보세요.

예 '급식 만족도 조사'라고 바꾸어 보았습니다. 필요한 내용(선호하는 메뉴, 싫어하는 메뉴, 개선되었으면 하는 점)을 입력해 봅니다.

4

'급식에 대해 어떻게 생각하십니까?'라는 객관식 문항을 추가해 보겠습니다. 예시로 '매우 만족'이라고 입력했더니, 시스템이 답변을 인식해 '매우 만족, 만족, 보통, 불만족, 매우 불만족'의 5점 척도 응답 항목을 자동으로 추천해 주었습니다. [전체 추가] 버튼을 누르면 추천 항목이 자동으로 입력됩니다.

   이 문항에 꼭 답변이 필요하면, 오른쪽 하단의 [필수] 버튼을 활성화하세요. [필수]를 설정하지 않으면 응답자가 해당 문항을 건너뛸 수 있으니 주의가 필요합니다.

5

다음 질문을 만들어 볼까요?
오른쪽 사이드바 상단의 [플러스(⊕)] 버튼을 클릭하면 새로운 질문이 추가됩니다.
이번에는 '가장 좋아하는 요리를 선택해 주세요.'라는 문항을 입력해 보겠습니다. 답변 항목으로는 예시로 4가지 요리를 입력해 보았습니다.

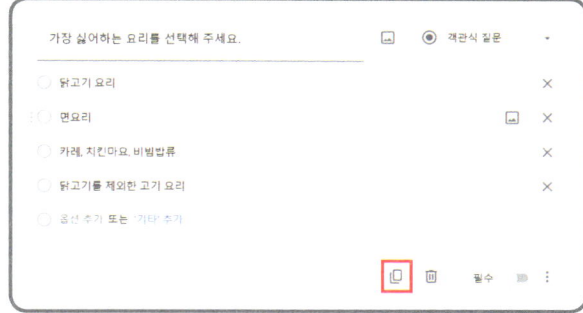

6

이번에는 답변 항목은 같고, 질문만 다르게 만들어 보겠습니다.
질문 내용은 다음과 같습니다.
'가장 싫어하는 요리를 선택해 주세요.'
이처럼 비슷한 형식의 질문을 연속해서 만들 때는, 오른쪽 하단의 [질문 복사(🗐)]를 눌러 복제한 후 내용을 수정하는 것이 편리합니다.

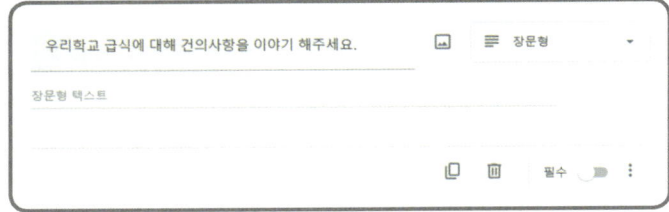

7 이번에는 주관식 문항을 만들어 보겠습니다. '우리 학교 급식에 대한 건의 사항을 이야기해 주세요.'라고 질문을 입력하면, 시스템이 자동으로 내용을 인식해 [장문형]으로 설정해 줍니다.
만약 [단답형] 등 다른 형식으로 받고 싶다면, 응답 유형을 직접 변경하면 됩니다.

TIP 질문은 언제든지 삭제하거나 순서를 변경할 수 있습니다. 질문 왼쪽 상단의 [점 여섯 개(⋮⋮)] 아이콘에 마우스를 올리고 드래그하면 위아래로 이동할 수 있습니다.

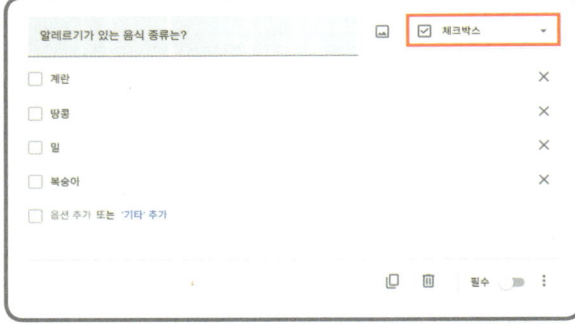

8 객관식과 주관식 외에도 체크 박스, 드롭다운, 그리드 등의 다양한 문항 유형이 있습니다. 질문의 성격에 따라 적절한 유형을 선택해 직접 만들어 보며 연습해 보세요.

9 설문지를 완성했다면, 온라인에 '게시'해 다른 사용자가 응답할 수 있도록 해야 합니다.
오른쪽 상단의 [게시] 버튼을 클릭하면, 응답 가능한 설문지가 생성됩니다. 이제 공유 링크를 통해 다양한 사용자에게 설문을 배포할 수 있습니다.

  **파일 업로드(File Upload) 기능**

응답자가 문서, 이미지, PDF 등 파일을 첨부할 수 있도록 하는 기능입니다.

활용 예시
- 학생이 과제를 제출할 때
- 신분증, 증빙 자료 등 파일을 수집할 때

파일 업로드 기능은 설문 작성자의 드라이브 용량을 차지하기 때문에 학교에서 자주 쓰이는 기능은 아닙니다.

사용 방법
1. [질문 추가] 클릭
2. 질문 유형을 [파일 업로드]로 선택
3. '응답자가 파일을 Google 드라이브에 업로드하도록 허용하시겠습니까?'라는 안내창이 뜨면 → [계속] 클릭

업로드된 파일은 폼 작성자의 Google 드라이브에 저장됩니다. 따라서 응답자가 제출한 파일의 용량만큼 작성자의 드라이브 용량을 차지하게 됩니다. 드라이브 용량이 부족한 경우, 추가 업로드가 제한될 수 있으니 사전에 용량을 확인해 주세요.

질문 오른쪽 도구 모음 아이콘

질문 추가	새로운 질문을 직접 추가할 수 있음
가져오기	다른 폼에서 만든 질문을 불러와 재사용 가능
제목 및 설명	각 섹션에 제목이나 설명을 추가해 설문 흐름을 더 명확하게 안내
이미지 추가	질문이나 설명에 이미지를 삽입해 시각적 이해를 도움
동영상 추가	유튜브 영상을 첨부해 참고 자료나 설명 영상 제공
섹션 추가	설문을 페이지별로 나누어 긴 설문도 단계별로 구성 가능

[섹션 추가] 기능은 설문지를 여러 페이지(단계)로 나눌 수 있도록 도와주는 유용한 도구입니다. 응답자가 한 섹션의 질문을 모두 완료하면, 설문지는 자동으로 다음 섹션으로 넘어가게 됩니다. 이 기능은 다음과 같은 상황에서 특히 효과적입니다.

- 설문 내용을 분야별로 구분하고자 할 때, 개인정보 입력 → 연수 만족도 조사 → 연수 의견 작성
- 응답자의 선택에 따라 질문 흐름을 다르게 구성하고자 할 때
- 한 페이지에 질문이 너무 많아 가독성이 떨어질 때

이처럼 [섹션 추가] 기능을 적절히 활용하면, 설문지를 보다 체계적이고 보기 좋게 구성할 수 있습니다.

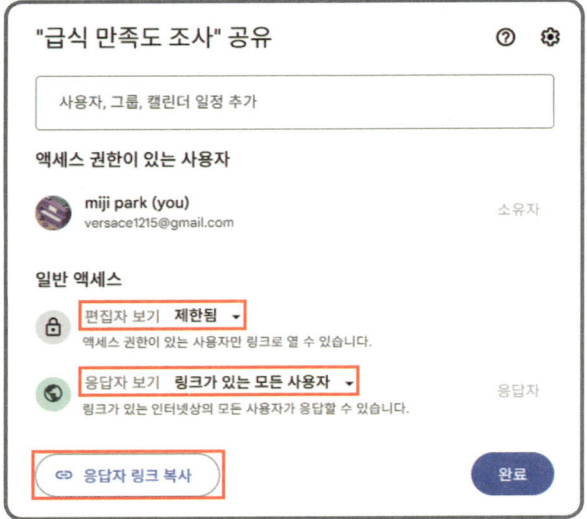

10

Q 설문 링크는 어디에서 복사할 수 있나요?

A 설문 링크를 복사하는 방법은 이전에 배운 구글 시트 공유 방식과 거의 동일합니다.

오른쪽 상단의 [공유(👥+)] 버튼을 클릭합니다. 이곳에서 편집과 응답 권한을 각각 설정할 수 있습니다.

편집자 보기	설문지를 함께 편집할 사람에게 권한 부여
응답자 보기	설문에 응답할 사람에게 권한 제공

마지막으로 [응답자 링크 복사]를 클릭하면 설문 링크가 복사되며, 필요에 따라 짧은 링크로 변환하는 옵션도 선택할 수 있습니다.

11

Q 응답 결과는 어디서 확인하나요?

A 화면 가운데 상단 [응답]을 클릭하면 확인할 수 있습니다. 설문 통계는 원형 차트 등으로 요약되어 제공되고, 질문별 통계, 응답자별 개별 답변도 상세히 확인할 수 있습니다.

조금 더 구체적인 분석이 필요하다면, [Sheets에 연결]을 클릭해 구글 스프레드시트와 연동할 수 있습니다. 스프레드시트에는 응답 데이터를 표 형식으로 확인할 수 있고, 이를 바탕으로 추가 정리나 분석 작업을 할 수 있어 유용합니다.

3. 구글 독스

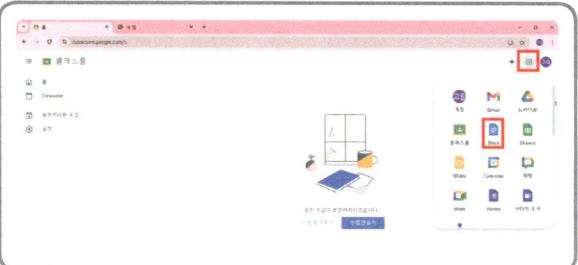

1

주소창에 https://google.com을 입력하거나 검색창에서 '구글'을 검색합니다. 오른쪽 상단의 [구글 앱()] 아이콘을 클릭하면 다양한 도구 목록이 나타납니다.

2 도구 목록 중 [구글 독스( )]를 클릭한 후, [빈 문서]를 선택합니다.

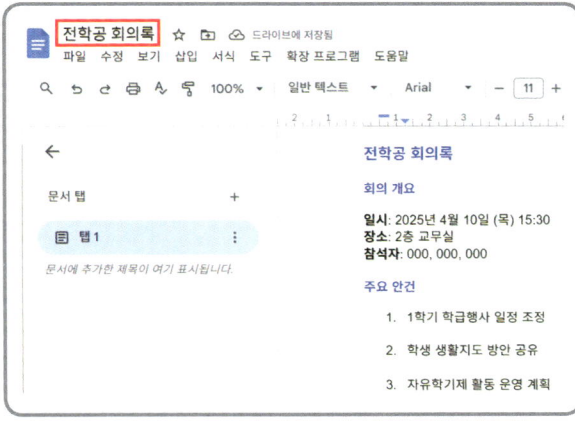

3

구글 독스는 '한글' 프로그램과 매우 유사한 문서 편집 도구입니다. (한글의 온라인 버전이라고 생각하면 이해하기 쉽습니다.)

처음 생성된 문서는 '제목 없는 문서'로 표시되는데, 이 부분을 클릭해 문서 제목을 바꿔 주세요.

예시 '전학공 회의록'을 적은 다음, 자유롭게 글을 입력해 보고 상단 메뉴를 이용해 글꼴 크기, 색상, 정렬 등을 조절해 보세요.

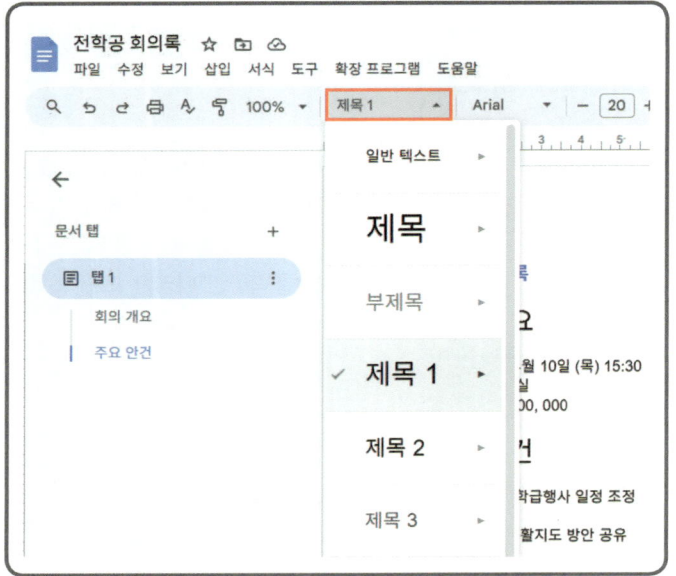

이 기능을 꼭~ 써 보세요! 아주 편리합니다. 자동 개요 정리 GOOD!

4 [제목 스타일] 기능을 활용하면 문서를 깔끔하게 정리할 수 있습니다. 중요한 문장에 커서를 두고, 상단 메뉴에서 [본문] → [제목 1]을 선택해 보세요. 문서 왼쪽에 자동으로 개요가 생성되며, 이를 통해 긴 문서를 정리하거나 원하는 위치로 빠르게 이동할 때 유용합니다.

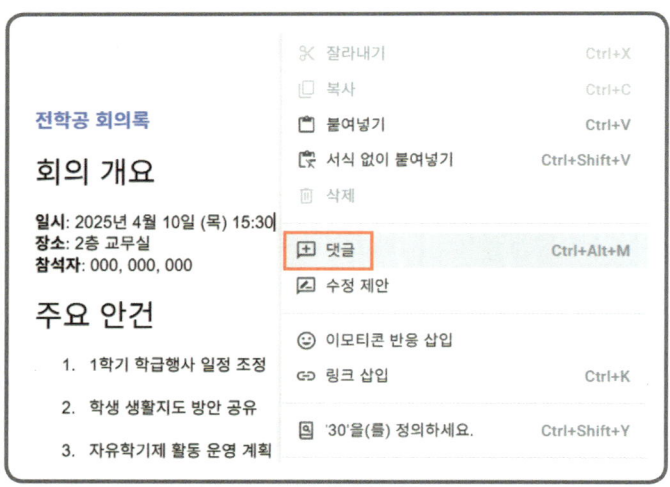

5 구글 독스에서는 한글의 [메모] 기능처럼 댓글을 달거나 수정 제안을 할 수 있습니다.
수정하고 싶은 문장을 드래그한 후, 마우스 오른쪽 클릭 – [댓글 달기]를 선택하면, 직접 수정하지 않고도 "이렇게 바꿔 보는 건 어떨까요?"와 같은 형식으로 의견을 제안할 수 있습니다.

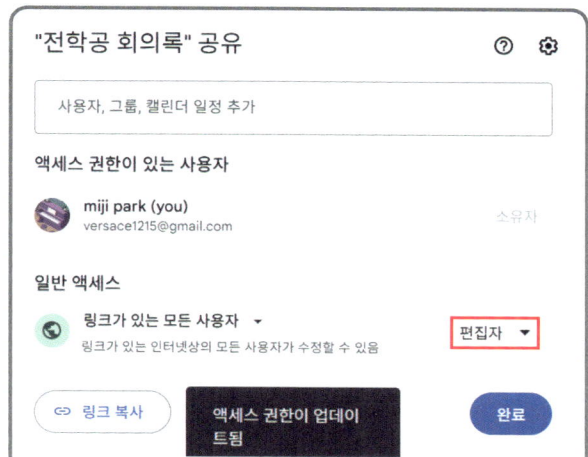

6

여러 구글 도구를 사용해 보았다면 눈치채셨겠지만, 모든 구글 문서의 핵심 기능은 바로 '공유'입니다.

편집 권한을 부여하면 여러 사용자가 동시에 문서를 작성할 수 있으며, 누가 어떤 내용을 작성했는지 실시간으로 확인할 수 있어 효율적인 협업이 가능합니다.

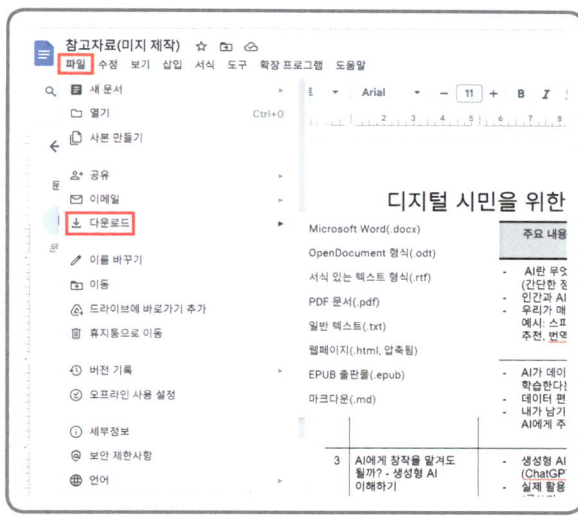

7

문서를 파일로 저장하고 싶다면, 상단 메뉴에서 [파일] – [다운로드]를 클릭하세요. PDF, 워드 등 다양한 형식으로 저장할 수 있어 학교 제출용 문서나 인쇄용으로도 매우 편리합니다.

> **TIP**
> 음성 입력 기능도 꼭 활용해 보세요. 상단 메뉴에서 [도구] – [음성 입력]을 클릭한 후, 마이크 버튼을 누르고 말을 하면 그 내용이 자동으로 텍스트로 입력됩니다. 인식률이 높아 인터뷰 정리나 회의록 작성에 특히 유용합니다. 단, 이 기능은 크롬 브라우저에서만 사용할 수 있습니다.

4. 구글 슬라이드(프레젠테이션)

1 주소창에 https://google.com을 입력하거나, 검색창에서 '구글'을 입력해 접속합니다. 오른쪽 상단의 [구글 앱(⋮⋮⋮)] 아이콘을 클릭하면 구글에서 제공하는 다양한 도구들을 확인할 수 있습니다.

2 그중에서 [구글 슬라이드(▫)]를 클릭한 후, [빈 프레젠테이션]를 선택합니다.

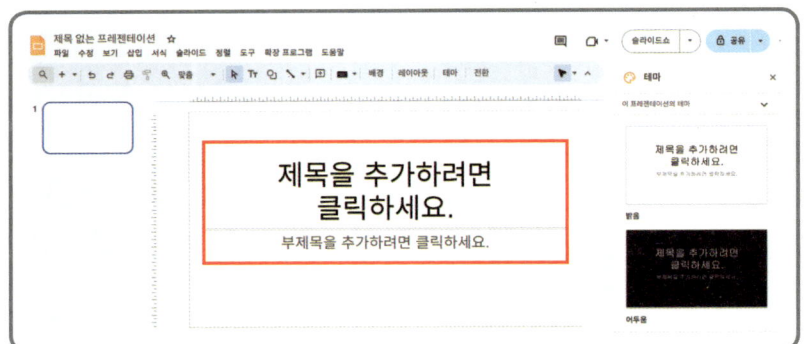

3 구글 슬라이드는 파워포인트와 매우 유사한 프레젠테이션 제작 도구입니다. 첫 화면에는 기본으로 제목 슬라이드가 표시됩니다. 제목과 부제목 영역에 원하는 내용을 입력한 후, 상단의 도구 모음을 이용해 글꼴, 글자 크기, 색상 등을 자유롭게 바꿔 보세요.

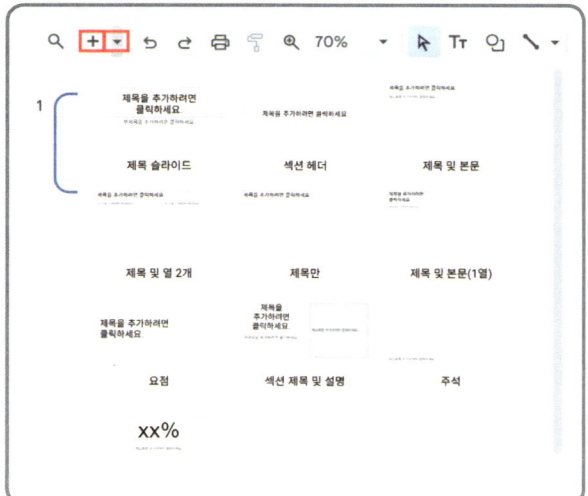

4

새 슬라이드를 추가해 볼까요?
왼쪽 상단의 [+] 아이콘을 클릭하면 슬라이드가 한 장 추가됩니다.
바로 옆의 [▼] 버튼을 누르면 '제목과 본문', '이미지 중심' 등 다양한 레이아웃을 선택할 수 있습니다.
내용에 알맞은 레이아웃을 골라 슬라이드를 구성해 보세요.

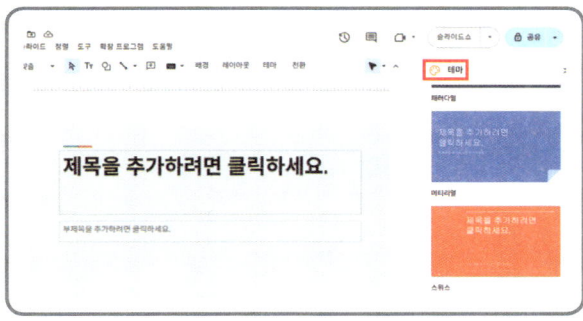

5

슬라이드의 배경과 테마를 활용하면 프레젠테이션을 더 보기 좋게 꾸밀 수 있습니다. 상단 메뉴에서 [슬라이드] – [배경 변경]을 선택하면 직접 배경색이나 이미지를 설정할 수 있고, 오른쪽의 [테마] 패널에서는 다양한 디자인 템플릿 중에서 원하는 스타일을 고를 수 있습니다.

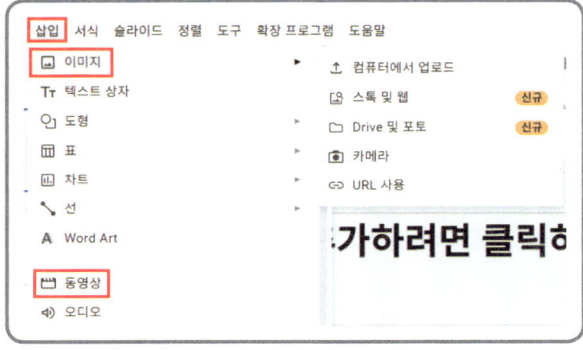

6

이미지나 동영상을 삽입하는 방법도 아주 간단합니다. 상단 메뉴에서 [삽입] – [이미지] 또는 [동영상]을 클릭해 보세요. 이미지는 내 컴퓨터, 웹 이미지 검색, 구글 드라이브 등 다양한 경로에서 가져올 수 있습니다. 동영상은 유튜브 링크로 바로 삽입이 가능해 편리합니다.

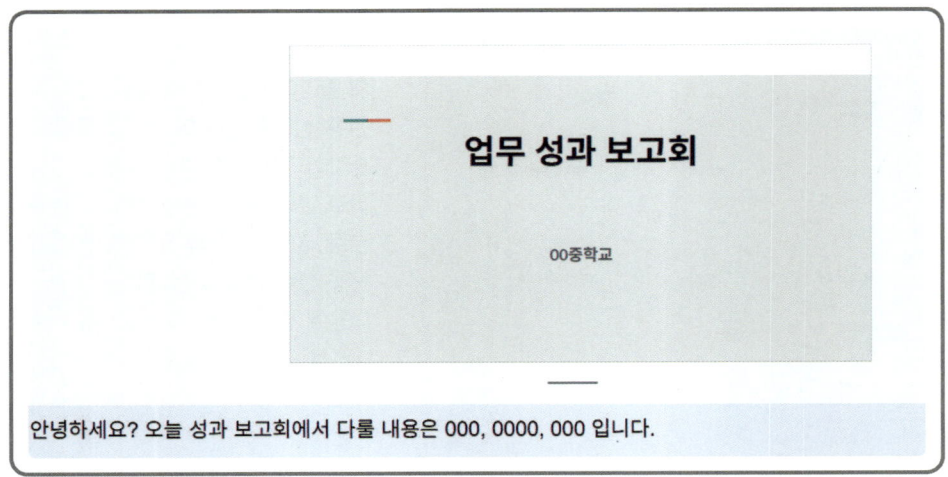

7 발표자 메모 기능도 활용해 보세요.
각 슬라이드 하단에 있는 [발표자 메모] 란에 발표할 내용을 간단히 적어 두면, 발표 흐름을 기억하거나 요점을 정리하는 데 큰 도움이 됩니다.

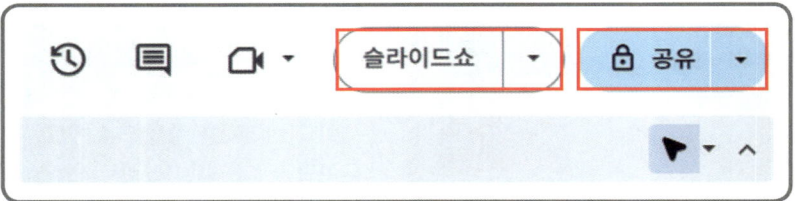

8 문서 공유 및 저장 방법은 구글 독스와 동일합니다.
상단 메뉴에서 [파일] – [다운로드]를 선택하면 PDF나 파워포인트(PPT) 형식으로 저장할 수 있습니다. [공유] 버튼을 통해 다른 사람과 함께 문서를 편집하거나, 보기 전용 링크를 전달할 수도 있습니다. 또한 상단의 [슬라이드쇼] 버튼을 클릭하면 전체 화면으로 발표를 진행할 수 있어 실제 발표 연습에도 매우 유용합니다.

5. 사이트 도구

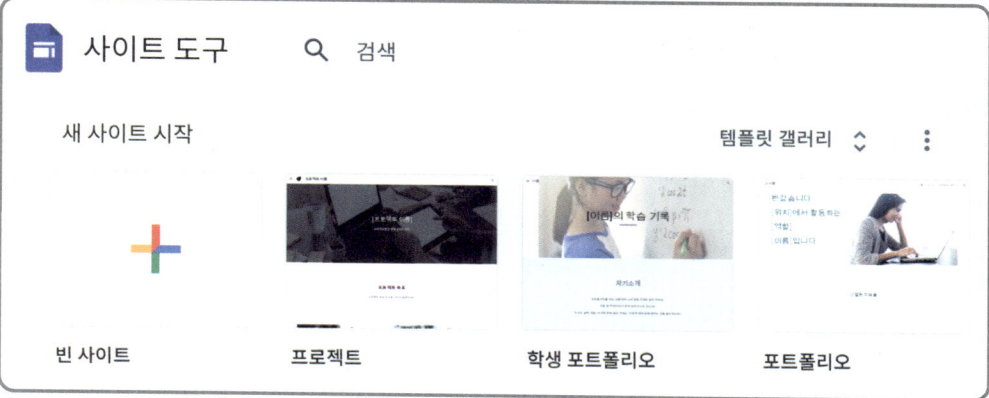

1 주소창에 https://sites.google.com을 입력하거나, 검색창에 '사이트 도구'를 입력해 접속합니다. 구글 계정으로 로그인하면 준비가 완료됩니다.

> 사이트 도구는 구글의 다른 도구에 비해 조금 더 익힐 내용이 많습니다. 그래도 나만의 홈페이지를 무료로 쉽게 만들 수 있는 유용한 도구입니다.

2 구글 드라이브에서도 사이트 도구를 시작할 수 있습니다.

드라이브 왼쪽 상단의 [+] 신규 버튼을 클릭한 후, 하단의 [더보기] – [Google 사이트] 도구를 선택하세요.

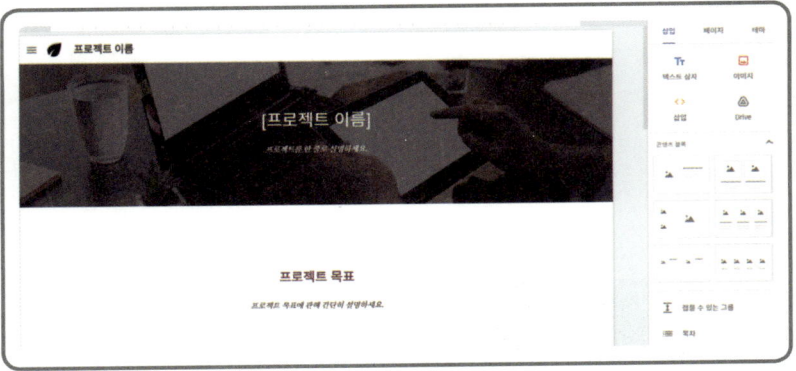

3 이제 간단한 웹페이지를 만들어 볼까요? [프로젝트] 템플릿을 클릭하면 기본 구조가 갖춰진 웹페이지가 열립니다. 이 템플릿을 활용하면 손쉽게 내용을 추가하고 구성할 수 있습니다.

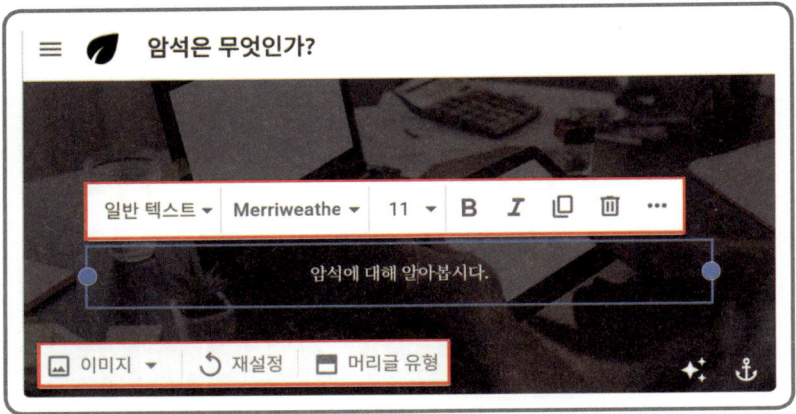

4 구글 사이트는 직관적인 인터페이스로 구성되어 있어 원하는 요소를 쉽게 편집할 수 있습니다. 텍스트 영역을 클릭하면 글자를 바로 입력하거나 수정할 수 있고, 이미지 영역을 클릭하면 배경이나 삽입된 이미지도 쉽게 변경할 수 있습니다.

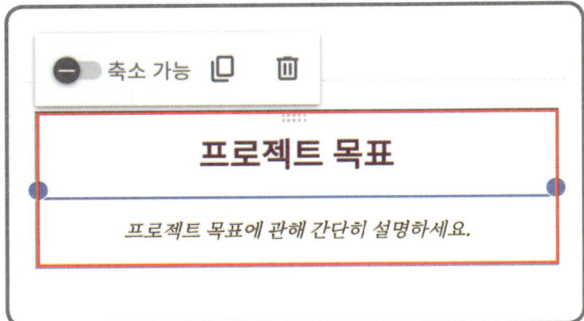

5 텍스트 상자 주변의 테두리를 클릭하면 복사 또는 삭제할 수 있는 메뉴가 표시됩니다. 또한 텍스트 상자나 이미지의 위치를 Drag & Drop 방식으로 자유롭게 옮길 수 있어, 원하는 레이아웃을 쉽게 구성할 수 있습니다.

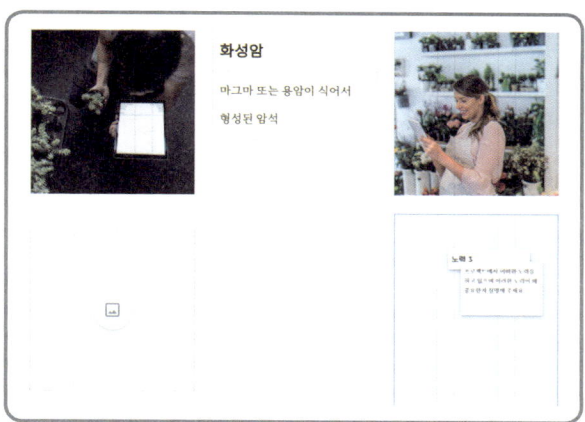

6

텍스트나 이미지를 이동할 경우, 자동으로 레이아웃의 칸이 배정됩니다. 예를 들어, 현재 이동 중인 이미지는 세 칸의 공간을 차지하고 있습니다.

7 이미지 상자를 클릭하면 이미지를 추가하거나 변경할 수 있습니다. PC에 저장된 이미지를 업로드하거나 구글 드라이브, 웹 이미지 검색 기능을 통해 삽입할 수 있습니다.

8

이미지를 클릭하면 파란색 조절점이 나타납니다.
Drag & Drop 방식으로 이미지의 크기를 자유롭게 조절할 수 있습니다.

PART 3 콘텐츠 제작 101

9

오른쪽의 [삽입] 탭에서는 새로운 텍스트, 이미지, 링크를 간편하게 추가할 수 있습니다. 또한 '콘텐츠 블록' 항목에서 주제에 맞는 다양한 레이아웃 양식을 선택해 활용할 수 있어 편리합니다.

10

[페이지] 탭에서는 페이지 이름을 변경, 추가, 삭제할 수 있습니다.
여러 개의 페이지를 구성하면, 보다 풍부한 콘텐츠의 웹사이트를 만들 수 있습니다.

홈페이지 내 폴더들이라고 생각하면 쉬워요.

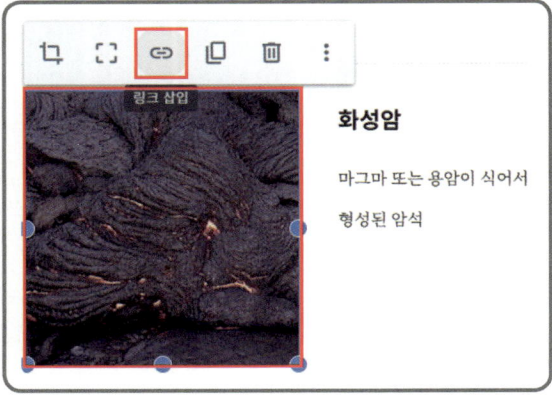

11

이미지 상자를 클릭하면 해당 이미지에 링크를 삽입할 수 있습니다. 또한 링크가 삽입된 이미지를 클릭하면, 해당 링크로 이동할 수 있습니다.

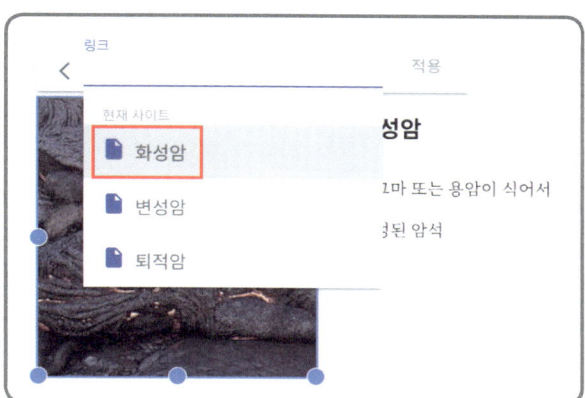

12

제작 중인 사이트 내에서 다른 페이지로 간편하게 이동할 수 있습니다.
예를 들어, 앞서 생성한 '화성암' 페이지를 선택하면 해당 페이지로 바로 전환됩니다.

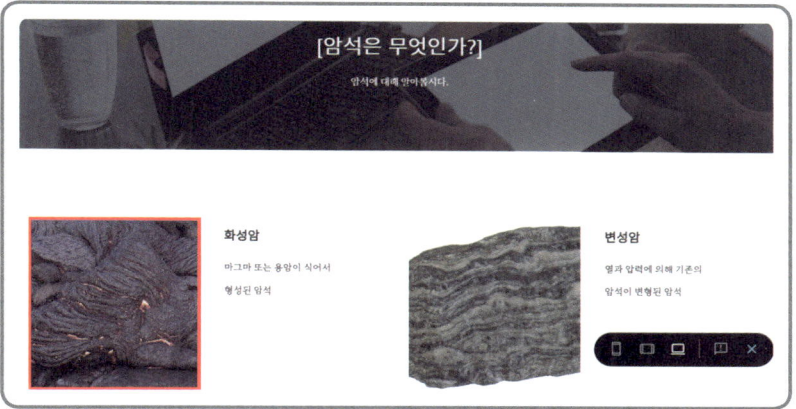

13

상단의 [미리보기(🖥)] 버튼을 클릭하면, 현재 작업 중인 웹페이지가 실제 화면에서 어떻게 보이는지 미리 확인할 수 있습니다. 예를 들어, 화성암 이미지를 클릭해 보세요.

14

이미지를 클릭하면 연결된 새 페이지로 이동합니다.
이처럼 여러 개의 하위 페이지를 생성하면, 웹사이트 구성을 알차고 체계적으로 만들 수 있습니다.

웹에 게시

웹 주소

https://sites.google.com/view/

맞춤 도메인

www.yourdomain.com과 같은 맞춤 도메인을 사용하면 사용자가 내 사이트를 더 쉽게 방문할 수 있습니다.   관리

내 사이트를 볼 수 있는 사용자
모든 사용자   관리

검색 설정

☐ 공개 검색엔진에 내 사이트가 표시되지 않도록 요청. 자세히 알아보기

취소   게시

15 상단의 [게시] 버튼을 클릭하면 웹페이지가 인터넷에 공개됩니다.
웹 주소는 sites.google.com/view/ 뒤에 사용할 주소를 입력해 설정할 수 있습니다.

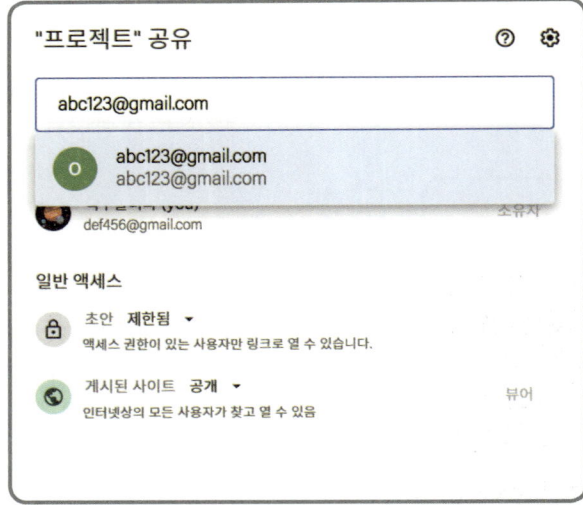

16 구글 계정을 추가하면 다른 사용자를 초대해 함께 페이지를 공동으로 편집할 수 있습니다.
이 기능은 조별 과제나 개인 포트폴리오 웹 사이트 제작에 유용하게 활용할 수 있습니다.

캔바

교사를 위한, 교사에 의한, 저작 도구의 끝판왕!

이렇게 활용해 보세요!	예시
직관적인 디자인 편집 Drag & Drop 방식으로 마우스만으로도 쉽게 디자인할 수 있어요.	학급 게시판 포스터 제작, 수업 활동지 제작, 학급 신문 만들기
샘플 템플릿 제공 다양한 템플릿을 활용하면 빠르게 고퀄리티 자료를 제작할 수 있어요.	PPT 디자인 템플릿, 각종 문서 양식 제공
실시간 협업 기능 여러 사용자가 동시에 하나의 디자인을 편집하고, 피드백을 주고받을 수 있어요.	팀 프로젝트 발표 자료 제작, 실시간 협업 활동 가능
AI 도구 및 외부 프로그램 연계 다양한 AI 도구 및 외부 프로그램과 연동해 활용 범위를 넓힐 수 있어요.	AI 기반 글쓰기·디자인 기능 탑재, 구글 등의 외부 프로그램 연동
클라우드 기반 저장 및 공유 모든 디자인이 클라우드에 자동 저장되며, 링크를 통해 쉽게 공유할 수 있어요.	발표 자료를 USB 없이 링크로 전송, 학급 행사 SNS에 공유

캔바 사용 방법

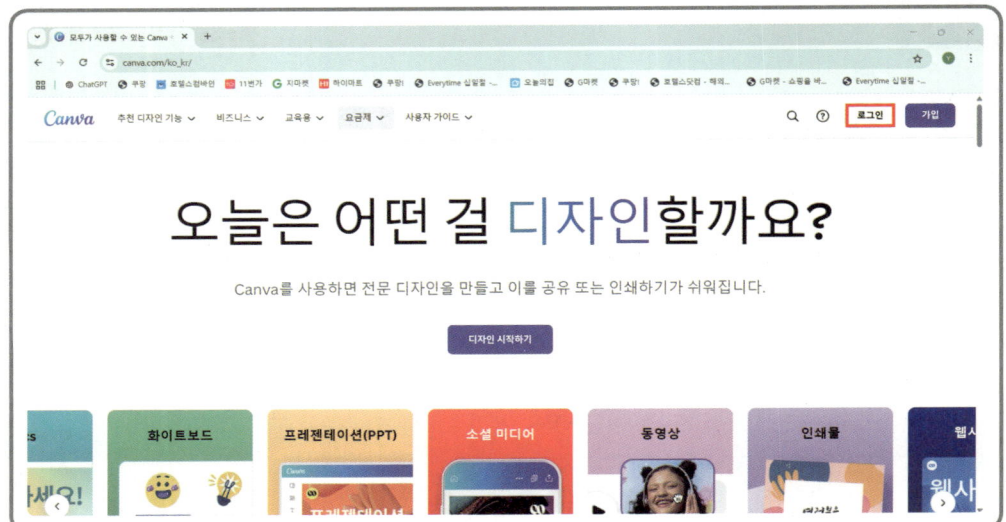

1. 주소창에 www.canva.com을 입력하거나, 검색창에 '캔바'를 검색해 접속합니다.
오른쪽 상단의 [로그인]을 클릭하면 구글 계정으로 간편하게 로그인할 수 있습니다.

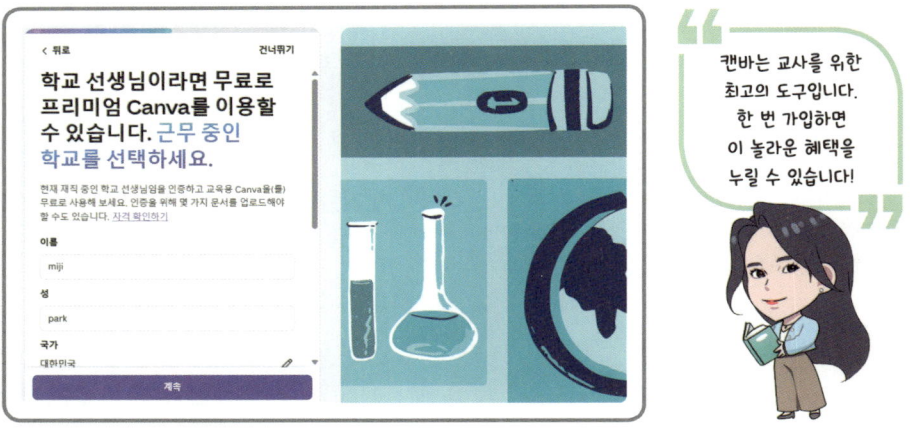

2. 캔바는 교사 인증을 받으면 프리미엄 기능을 무료로 이용할 수 있습니다.
현재 근무 중인 학교 정보를 입력하고, 해당 연도에 발급된 재직 증명서를 업로드하면 인증 받을 수 있습니다.

TIP 최초 가입 시 서류를 준비하지 못했다면, 로그인 후 오른쪽 상단의 프로필 아이콘을 클릭하고 [요금제 및 가격] – [교육용] – [선생님] 인증 받기 메뉴에서 추가 인증이 가능합니다.
교육용 인증은 필수! 강력 추천합니다.

3 이제 캔바로 무엇을 만들 수 있는지 검색해 봅시다. 로그인 후 중앙 상단의 [내 콘텐츠 및 Canva 콘텐츠 검색]에서 다양한 정보를 찾아볼 수 있습니다.

예 학급 공지, 수업 활동지, 워크숍 PPT 등

TIP 교사 인증을 받으면 캔바에 탑재된 모든 콘텐츠를 자유롭게 사용할 수 있습니다. 인증을 받지 않으면 무료 콘텐츠만 이용할 수 있습니다. [왕관(👑)] 아이콘이 표시된 콘텐츠는 PRO(유료) 버전입니다.

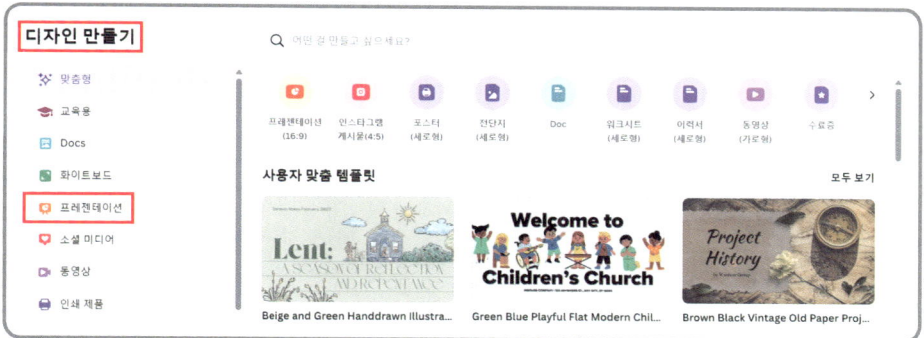

4 엄청난 양의 콘텐츠가 보이나요? 그럼, 우리도 몇 가지 콘텐츠를 만들어 볼까요? 먼저 PPT부터 시작해 보겠습니다. 왼쪽 상단의 [디자인 만들기] – [프레젠테이션]을 클릭합니다.

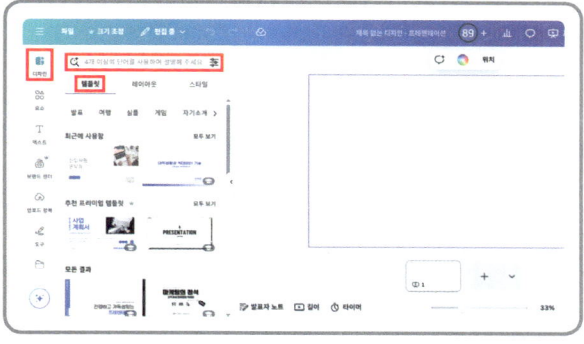

5 왼쪽에 세로로 다양한 기능이 나열되어 있습니다. 우선 [디자인] – [템플릿]을 클릭해 보세요. 미리 만들어진 다양한 샘플 양식을 확인할 수 있습니다. 원하는 주제에 딱 맞는 양식을 찾기 위해 상단의 [프레젠테이션 템플릿 검색] 창에 검색어를 입력해 봅니다.

예 봄, 학급, 수학, 영어, 학생 등

PART 3 콘텐츠 제작 107

6 마음에 드는 템플릿을 선택한 후, 전체 페이지에 적용하려면 [모든 ○○개 페이지에 적용]을 클릭합니다. 특정 페이지만 선택해 적용하고 싶은 경우에는 중앙 하단의 [페이지 추가(+)]를 클릭해 활용하면 됩니다.

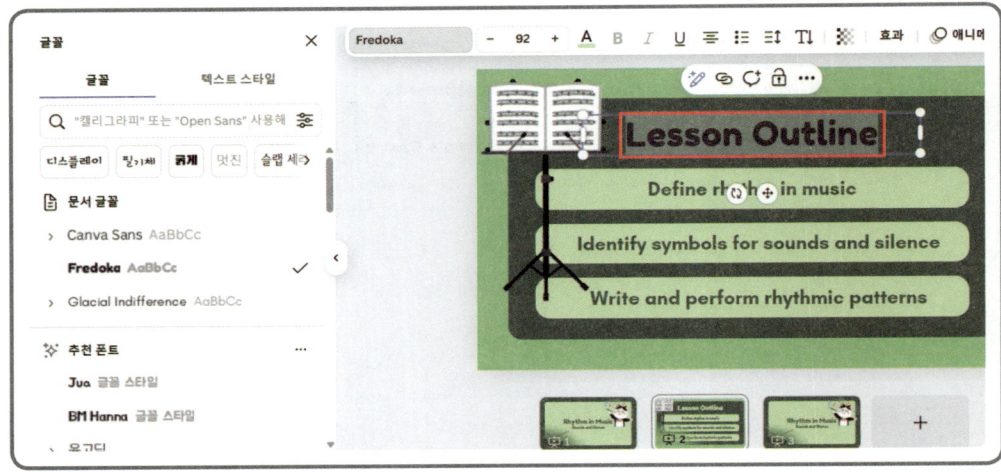

7 이제 템플릿에 있는 예시 문구를 수정해 보겠습니다.
텍스트 박스를 더블 클릭하면 글꼴, 크기, 색상, 정렬 등을 자유롭게 변경할 수 있습니다.

> **TIP**
> - PPT나 한글을 사용하는 방식과 유사합니다. 어렵게 생각하지 말고 이것저것 일단 눌러 보며 기능을 익혀 보세요.
> - 캔바는 클라우드 기반 자동 저장 시스템을 제공하므로, 따로 저장하지 않아도 변경 사항이 자동으로 저장됩니다.

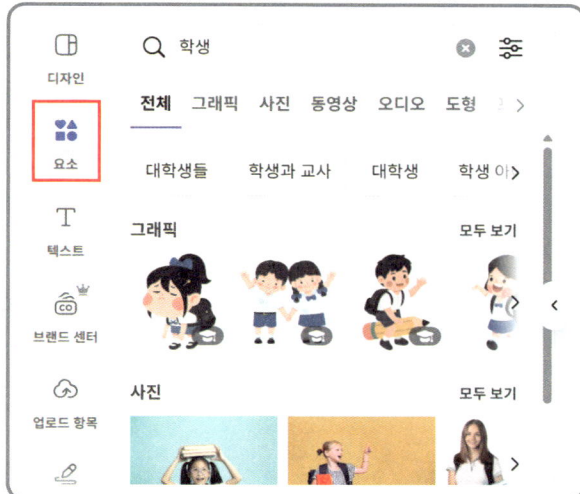

8

이번에는 PPT에 그래픽, 사진, 동영상, 오디오, 도형 등 다양한 요소를 추가해 보겠습니다. 왼쪽 기능 탭에서 [요소]를 클릭한 후, 원하는 항목을 선택해 PPT에 삽입하세요.

> 일단 이것저것 눌러 보며 다양한 기능을 직접 경험해 보는 것이 중요합니다. 마음에 들지 않는 요소는 Backspace 또는 Del 키로 삭제하면 됩니다.

9

삽입한 요소들은 크기 조절, 회전, 투명도() 조절, 애니메이션 효과 추가 등 다양한 편집이 가능합니다.
이러한 기능들을 활용하여 완성도 높은 PPT를 만들어 보세요!

TIP 일부 그래픽은 움직이는 효과를 제공하며, 색상도 변경할 수 있습니다. 적절한 위치에 넣으면 더욱 풍부한 표현이 가능합니다.

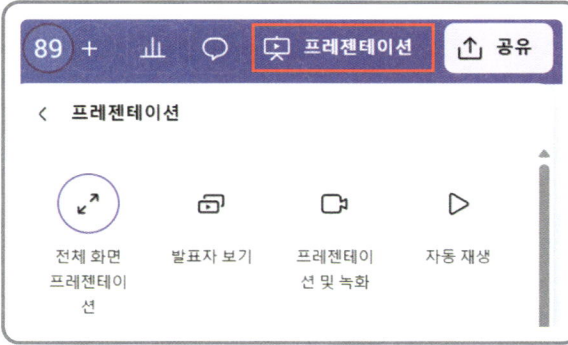

10

모든 편집을 마친 후 프레젠테이션을 할 때, 오른쪽 상단의 [프레젠테이션] 버튼을 클릭하세요.
프레젠테이션 모드에는 다양한 옵션이 있어 필요에 따라 적절히 선택해 사용할 수 있습니다.

PART 3 콘텐츠 제작 109

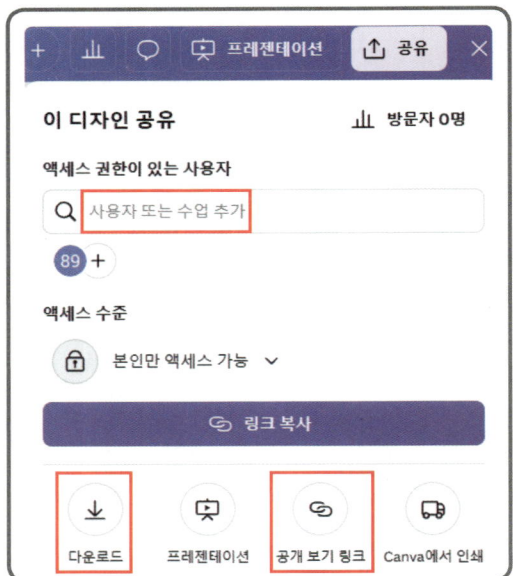

11

PPT를 다른 사람에게 공유하려면 [공유] 버튼을 클릭합니다. '엑세스 권한'은 문서를 함께 편집할 때 사용하는 기능입니다. 협업하고자 하는 사람의 이메일을 직접 입력하거나, 수업용 자료를 제작해 여러 사용자와 공유할 수 있습니다.

> ✅ **자주 사용하는 기능**
>
> **다운로드**: 이미지, PDF, PPT, 영상 등 다양한 형식으로 저장 가능
> **공개 보기 링크**: 웹상에서 링크를 통해 자료를 공유할 때 사용

12

캔바에서는 PPT 외에도 다양한 콘텐츠 제작이 가능합니다. 기본 사용 방법은 PPT와 동일하며, Drag & Drop 방식으로 간편하게 활용할 수 있습니다. 이번에는 동영상 콘텐츠를 만들어 보겠습니다. 왼쪽 상단의 [디자인 만들기] – [동영상(가로형)] 클릭합니다.

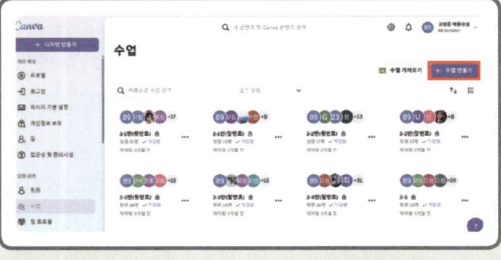

캔바에서 말하는 '수업'은 '학급'을 의미합니다. 오른쪽 상단의 [설정(⚙️)] – [수업] – [수업 만들기]를 통해 한 번에 학급 단위로 관리할 수 있습니다. 또한 구글 클래스룸과도 연동이 가능합니다. 단, 이미지나 동영상 등 자료량이 많은 경우, 여러 학생이 동시에 작업하면 렉이 발생할 수 있으므로, 앞/뒷번호나 모둠별로 역할을 나누어 작업하는 것도 좋은 방법입니다.

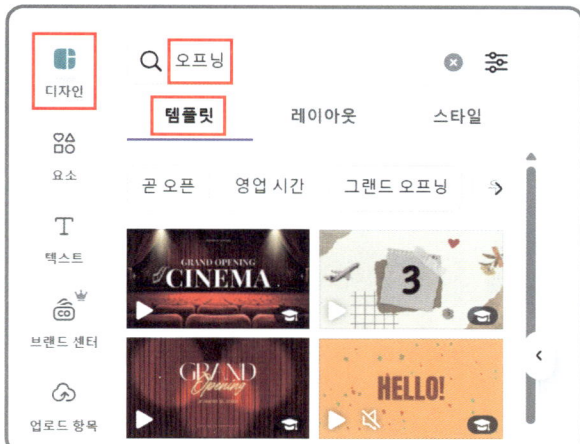

13

[디자인] – [템플릿]을 클릭해 멋진 영상 오프닝을 만들어 볼까요?
상단의 [프레젠테이션 템플릿 검색] 창에 키워드를 입력해 원하는 스타일을 찾아보세요.

예 마음에 드는 오프닝 템플릿을 선택해 영상에 추가합니다.

14

영상에 삽입된 텍스트를 수정합니다.
예를 들어, '학급 발표회'를 입력해 보았습니다. 영상의 길이 조절 방법은 하단 타임라인에 마우스 커서를 올리면 양쪽 화살표(↔)가 나타납니다. 화살표를 좌우로 드래그해 길이를 자유롭게 조절할 수 있습니다.

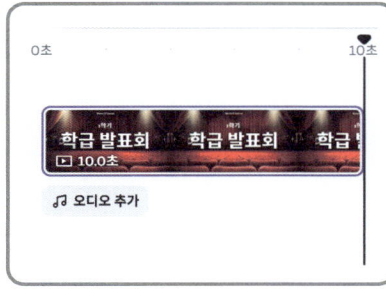

15

원래 10초였던 영상을 5초로 줄였습니다. 이제 [페이지 추가(+)] 버튼을 눌러 다음 영상 페이지를 만들어 봅니다. 이처럼 간단한 방식으로 멋진 영상도 손쉽게 제작할 수 있습니다.
지금 바로 나만의 영상 프로젝트를 완성해 볼까요?

PART 3 콘텐츠 제작 111

16

이번에는 학급과 관련된 짧은 샘플 영상을 삽입해 보겠습니다.

화면 왼쪽의 [요소] – [요소 검색]에 '학급'을 입력한 후, [동영상]을 클릭합니다. 마음에 드는 영상 클립을 선택해 슬라이드에 추가하세요.

> **TIP** 동영상뿐 아니라 그래픽, 사진, 오디오 등 다양한 요소를 함께 추가할 수 있으며, 여러 요소를 동시에 조합해 활용하면 더 풍성한 콘텐츠 제작이 가능합니다.

17

추가한 동영상 클립을 클릭해 보세요. 보다 세밀한 편집이 가능합니다.

✂ 3.0초	동영상 길이 조절
배경 제거	배경 제거 기능
🔊 ▶ ▫	볼륨, 속도, 재생 방식 설정

이러한 기능을 통해 영상의 완성도를 높일 수 있습니다.

18

캔바에서 제공하는 자료 외에도 자신이 보유한 이미지, 동영상, 오디오 파일을 활용할 수 있습니다.

왼쪽의 [업로드 항목] – [파일 업로드]를 선택한 후, PC에서 원하는 파일을 불러오면 됩니다.

> **TIP** 한 번 업로드한 파일은 클라우드에 저장되므로, 다음에도 반복해서 사용할 수 있습니다.

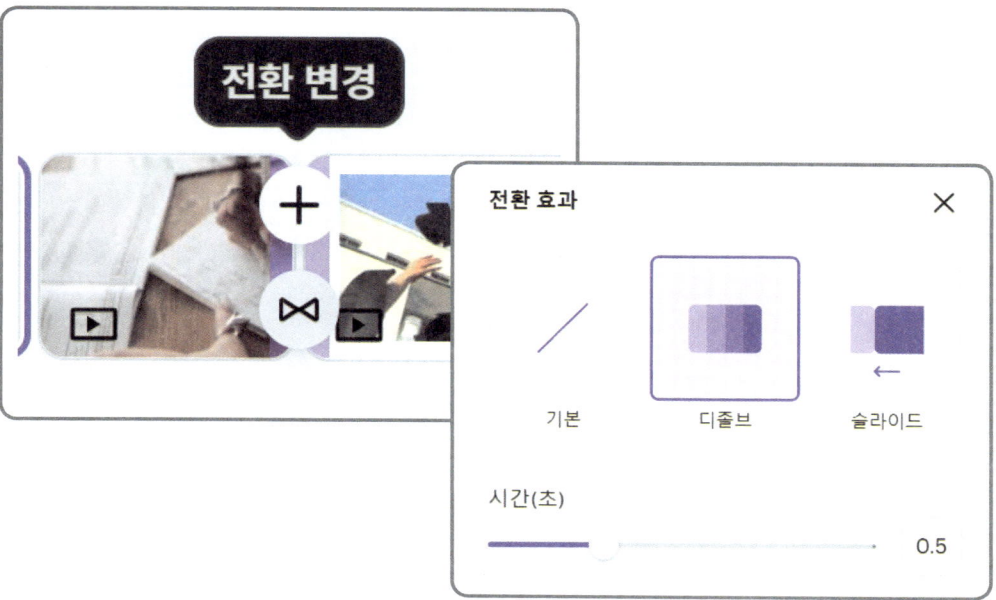

19 여러 페이지를 제작했다면, 페이지 간 전환 효과를 추가할 수 있습니다. 페이지 사이에 마우스 커서를 가져가면 [페이지 추가]와 함께 [전환 효과 추가] 버튼이 나타납니다. [전환 효과 추가]를 클릭한 후 다양한 효과를 적용하고, 전환 속도도 자유롭게 설정할 수 있습니다.

TIP 하단으로 스크롤 하면 [모든 페이지에 적용] 옵션이 있어, 동일한 전환 효과를 한 번에 적용할 수 있습니다.

20 영상이 완성되면 오른쪽 상단에서 총 재생 시간을 확인할 수 있습니다.
공유 방법은 PPT와 동일하며, 다른 모든 문서에서도 동일한 방식으로 공유가 가능합니다.

TIP 캔바에서 PPT와 동영상을 만들 수 있다면, 다른 문서 제작도 어렵지 않습니다. 왜냐하면 기본적인 사용 방법이 동일하기 때문입니다. 무엇보다 자주 만들어 보는 것이 중요합니다. 예를 들어, 학부모 총회용 포스터, 학교 축제 팸플릿, 수업 활동지, 학생 동아리 홍보 자료 등 연습 삼아 제작해 보세요. 어느새 여러분도 트렌디한 디자이너가 되어 있을 것입니다.

캔바의 다양한 프레젠테이션 옵션 활용법

전체 화면 프레젠테이션	가장 일반적으로 많이 사용하는 방식입니다. 슬라이드를 전체 화면으로 보여 주며 발표를 진행할 수 있습니다.

발표자 보기

캔바의 유용한 기능 중 하나로, 발표자 창과 청중의 화면을 각각 분리해 두 개의 창을 띄울 수 있어 중요한 발표 시 활용할 수 있습니다. 왼쪽 하단의 [ 발표자 노트]에 대본을 미리 입력해 두면, 발표자가 대본을 보며 읽을 수 있습니다. 또한 발표 시간도 함께 표시되어 시간 분배를 하는 데 도움이 됩니다.

Windows에서 [Windows 키+P]를 눌러 디스플레이 설정을 '확장 모드'로 변경한 후, 청중에게는 '청중 창'을, 발표자에게는 '발표자 창'을 띄우면 더욱 효과적으로 사용할 수 있습니다.

> 이건 정말 꿀팁이에요. 누구든지 이 기능만 알면 '발표의 신'이 될 수 있습니다!

프레젠테이션 및 녹화

발표 내용을 영상으로 녹화할 수 있는 기능입니다. 녹화 시 발표자의 영상이 왼쪽 하단에 삽입되므로, 온라인 수업 영상이나 강의 콘텐츠 제작 시 현장감을 높일 수 있습니다.

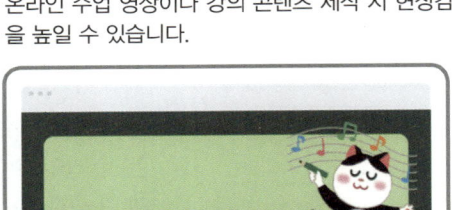

> 스튜디오에 가지 않아도 전문적인 영상을 쉽게 촬영할 수 있어요. 학생이 직접 발표하는 수행 평가용 자료로도 활용하기 좋습니다.

자동 재생	발표자가 직접 조작하지 않아도 일정 시간 간격으로 자동 재생되는 기능입니다. 태블릿 등을 활용한 전시 환경에서 사용하면 매우 편리합니다.

💬 요즘 미술 수업에서는 디지털 디자인 도구를 많이 활용하고 있어요. 예전에는 손으로 정성껏 그리는 작업이 가장 중요하다고 생각했는데, 이제는 '아이디어'가 더 중요하다는 것을 깨닫게 됐습니다. 학생들에게는 카드 뉴스나 포스터를 직접 디자인해 결과물로 제출하도록 했는데, 시각적 완성도가 높고 다양한 템플릿이 제공되어 작업을 훨씬 쉽게 시작할 수 있었어요. 디자인 퀄리티가 높다 보니 학생들의 만족도도 컸고, 작품을 공유했을 때 학부모의 반응도 매우 긍정적이었어요.

(경기 초등학교 교사, 혜진)

💬 과학 탐구 활동 보고서를 단순히 텍스트로 제출하는 대신, 인포그래픽 형식으로 제작하도록 유도했어요. Canva의 인포그래픽 템플릿을 활용해 실험 결과와 그래프, 결론 등을 시각적으로 정리하는 활동이었는데, 이를 통해 학생들의 이해도와 발표력이 모두 좋아지더라고요.

(충북 고등학교 과학 교사, 성현)

💬 저학년도 충분히 사용할 수 있을 만큼 쉬운 도구예요! 포스터, 카드 뉴스, 자기소개서 등 시각적인 결과물이 필요한 활동에 특히 유용했어요. 다만 로그인이나 가입 절차에 대한 안내가 필요하며, 일부 저사양 기기에서는 로딩 속도가 느리거나, 10명 이상이 동시에 작업할 경우 약간의 지연이 발생하기도 합니다.

(세종 초등학교 교사, 거북이)

💬 우리 학교에서는 학생 자치회 행사 포스터, 뉴스레터 등 다양한 업무용 디자인에 Canva를 적극적으로 활용하고 있어요. 템플릿을 복사해 재사용하거나 팀 내에서 공유하는 기능이 편리해 교내 홍보 활동에 특히 유용하더라고요.

(대구 중학교 교무부장, L)

클로바노트

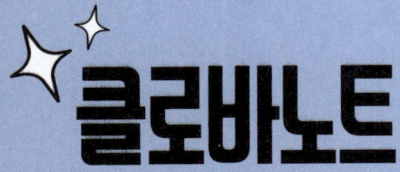

아직도 협의록을 직접 쓰나요? 이제는 맡기세요!

이렇게 활용해 보세요!	예시
자동 음성 인식 및 텍스트 변환 AI가 음성을 자동으로 인식하고 텍스트로 변환해 회의록을 신속하게 작성할 수 있어요.	강의 내용 자동으로 필기 정리, 인터뷰 녹취록 작성, 회의록 자동 생성
화자 분리 기능 여러 명이 동시에 대화할 경우, AI가 각 화자를 구분해 텍스트로 기록해요.	발언자별 내용 자동 구분, 인터뷰 진행자와 응답자 구별, 모둠별 토론 수업 내용 기록
중요 키워드 자동 추출 AI가 대화 내용을 분석해 주요 키워드를 자동으로 간추려요.	회의 주요 안건 요약, 강의 핵심 내용 정리
다국어 지원 및 번역 기능 AI가 다양한 언어를 자동으로 인식하고 실시간으로 번역해 제공해요.	외국어 강의 녹취록 번역, 다국어 회의 내용 자동 기록
클라우드 저장 및 공유 녹음된 음성과 변환된 텍스트 파일을 손쉽게 공유할 수 있어요.	업무 회의록 팀원과 공유, 학급 수업 내용 보관, 연구 인터뷰 자료 저장 및 활용

난이도 ★☆☆☆☆　활용성 ★★★★☆　대중성 ★★★★☆　경제성 ★★★★★

클로바노트 사용 방법

1

클로바노트는 웹에서도 사용할 수 있지만, 실제 협의나 회의에서는 주로 모바일을 사용하므로, 모바일 화면을 기준으로 살펴보겠습니다. 앱 마켓 혹은 앱스토어에서 '클로바노트'를 다운로드하고, 네이버 ID로 로그인합니다.

로그인 후, 화면 하단에는 다음과 같은 네 가지 메뉴가 표시됩니다.

[홈]	새 노트를 만들거나 기존 노트 확인 가능
[폴더]	폴더 관리 예 위원회별 폴더 관리 등
[달력]	생성된 노트 날짜 조회
[사용자 설정]	앱 관련 설정 변경

PART 3 콘텐츠 제작 117

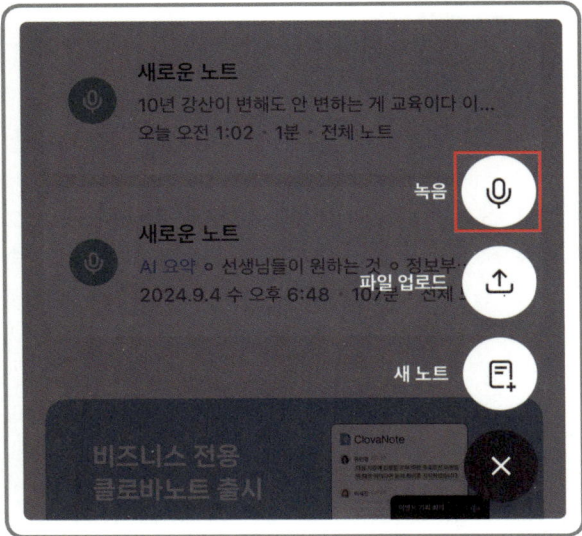

2

이제 녹음을 시작해 볼까요?
오른쪽 하단의 [+버튼()]을 클릭합니다.
직접 [녹음]을 할 수 있고, 기존에 있던 녹음 파일도 [파일 업로드]를 통해 추가할 수 있습니다. 우선 [녹음]을 눌러 직접 녹음을 시작합니다.

> **TIP**
> - 녹음을 진행하기 전에 적절한 상황을 준비해 두는 것이 좋습니다. 실제 협의 장면이나 여러 명이 등장하는 영상을 활용해 샘플을 만들어 보세요.
> - [새 노트]를 클릭해 폴더, 참석자, 메모 등의 정보를 입력해 두면 효율적으로 녹음 내용을 관리할 수 있습니다.
> - "녹음을 시작하겠습니다."는 기본 매너입니다!

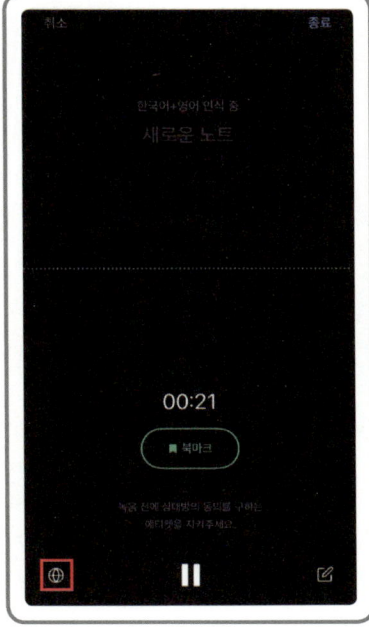

3

녹음을 시작하면 바로 자동 기록이 진행됩니다.
더 정확한 인식을 위해 왼쪽 하단의 [지구본(🌐)] 아이콘을 클릭해 언어 설정을 확인합니다.
특히 간단한 영어가 함께 사용되는 상황에서는 '한국어'만 설정할 경우 인식이 원활하지 않을 수 있습니다.

[북마크]	녹음 중 중요한 내용을 표시해 두면 나중에 쉽게 찾을 수 있음
[메모]	실시간 메모 기능으로, 간단한 내용을 기록할 수 있고 자동으로 시간 정보가 저장됨

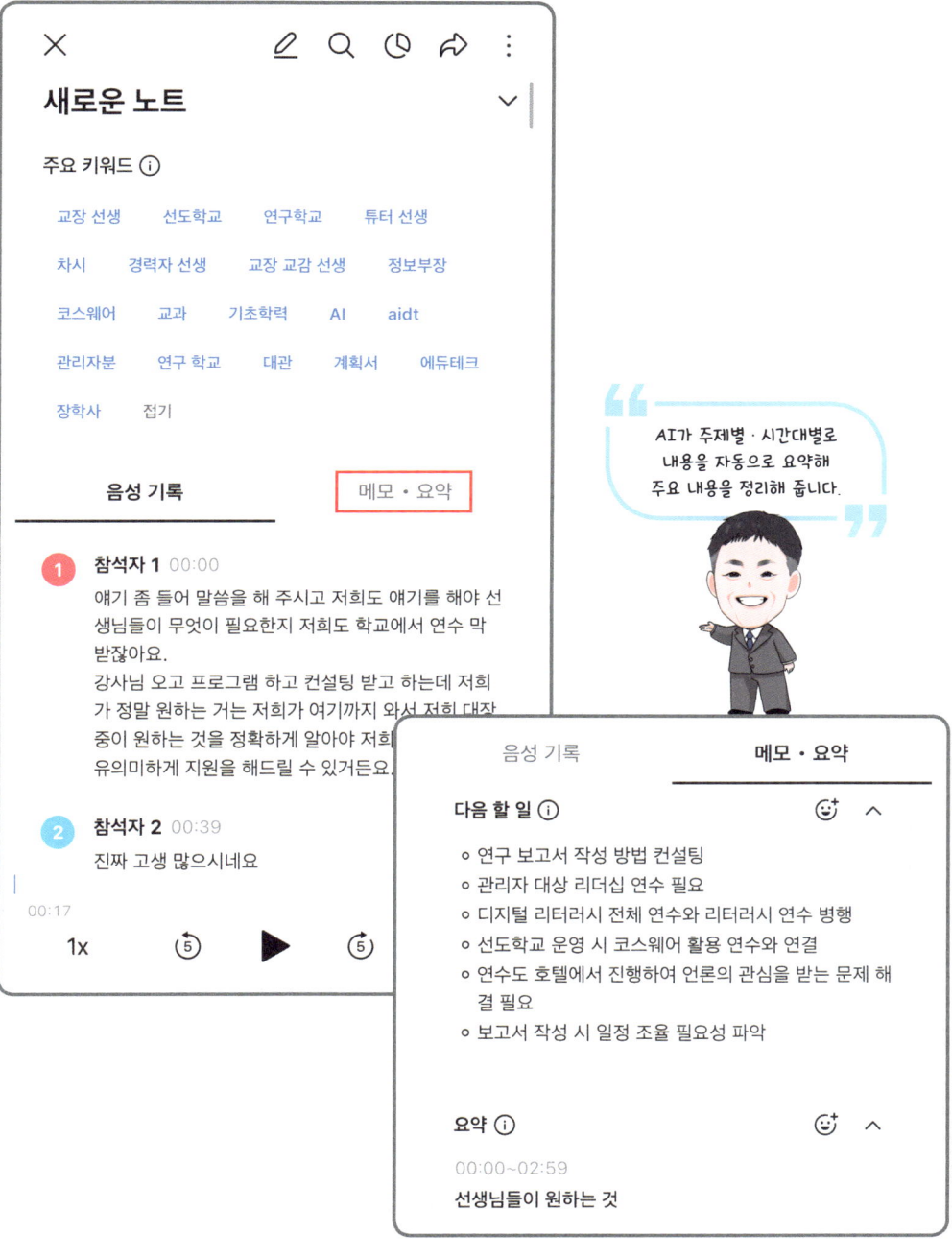

4 녹음이 완료되면 자동으로 저장되며, 참석자가 구분된 회의록이 생성됩니다.
발언 시간까지 함께 기록되어 필요한 부분만 다시 들을 수 있습니다. 참 편리하지요?
이제 중앙 오른쪽의 [메모·요약] 버튼을 클릭해 볼까요? 놀라운 기능이 기다리고 있습니다.

5

이 기능만으로도 사용할 이유가 충분하지만, 추가 기능도 함께 살펴보겠습니다. 오른쪽 상단에 있는 메뉴가 보이나요? 하나씩 클릭하면 다음과 같은 기능들을 확인할 수 있습니다.

✎ [홈]	대화 내용을 잘못 인식했거나 누락된 부분이 있을 경우 수정 가능
🔍 [검색]	특정 내용을 찾을 때 사용
⏱ [대화 점유율]	참석자의 대화 점유율을 실시간으로 확인 가능
↗ [공유]	생성된 노트를 공유 시 사용

 참석자의 대화 점유율을 통해 모둠 토론 활동에 활용해 보세요. 특정 학생에게 집중된 발언을 균형 있게 조절할 수 있고, 소극적인 참여를 방지하는 데 효과적입니다.

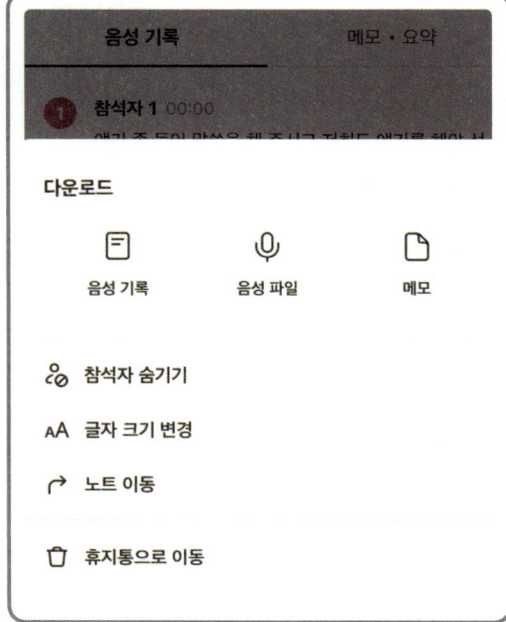

6

회의록을 저장하려면 오른쪽 상단의 [점 세 개 (⋮)] 아이콘을 클릭하면 [다운로드] 메뉴가 나타납니다. 이곳에서 음성 파일, 첨부 자료, 메모 등 원하는 형식으로 저장할 수 있습니다.

7

또한 링크 형태로 생성된 노트를 공유할 수도 있습니다. 이 방법이 가장 간편해 많이 사용됩니다.

오른쪽 상단의 [공유(↗)] 버튼을 클릭한 후, 다음과 같은 옵션 설정을 할 수 있습니다.

- **비밀번호 설정**: 보안이 필요할 경우
- **시작 시간 설정**: 녹음을 중간부터 공유할 경우
- **접근 권한 설정**: 특정 사용자만 열람 하도록 제한

설정을 마친 후 공유 링크를 복사해 전달하면 됩니다.

링크 공유가 간편해서 더 많이 사용됩니다.

PART 3 콘텐츠 제작

북 크리에이터

모든 학교와 교과목에 적용 가능! 디지털 책 만들기

이렇게 활용해 보세요!	예시
개인 포트폴리오 학습 과정과 수행 평가 결과를 디지털 책 형태로 정리해 체계적으로 기록하고 관리해요.	과학 실험 보고서, 독서 일지, 영어 단어장, 프로젝트 활동 결과 보고서
디지털 교재 제작 이미지, 동영상, 음성 등을 활용해 나만의 디지털 교재를 직접 제작할 수 있어요.	수학 개념 자료 정리, 역사 인물 소개, 과학 실험 안내 자료
학교 행사 홍보 자료 제작 학교 행사나 자율 활동과 관련된 자료를 제작하고 학교 홈페이지 및 SNS에 공유해 홍보해요.	안전 교육 매뉴얼, 체험 학습 사전 안내 자료, 동아리 소개, 학교 축제 활동 소개
디지털 책 출판 학생과 교사가 만든 디지털 책을 출판해 성취감을 높이고 결과물을 공유할 수 있어요.	학급 문집, 환경 보호 그림책, 시집
학교 업무 매뉴얼 학교 내 부서별 활동과 업무 내용을 정리해 문서화하면 구성원 간 효율적으로 협업이 가능해요.	평가 계획서, 최소 성취 수준 보장 지도 계획서, 학년부 업무 안내서

난이도 ★★☆☆☆ 활용성 ★★★★★ 대중성 ★★★★★ 경제성 ★★★☆☆

북 크리에이터 사용 방법

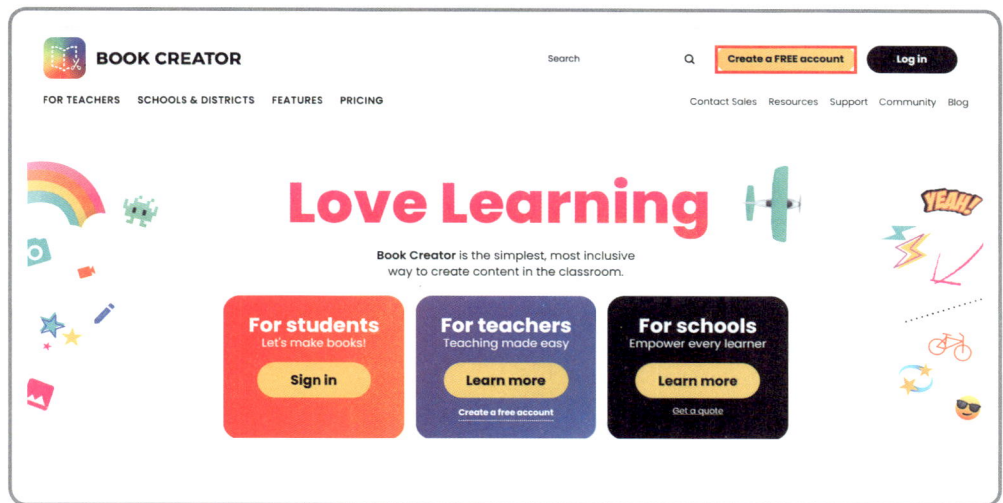

1 주소창에 bookcreator.com을 입력하거나, 검색창에서 '북 크리에이터'를 검색해 접속하세요. 오른쪽 상단의 [Create a FREE account]를 클릭해 계정을 생성합니다.

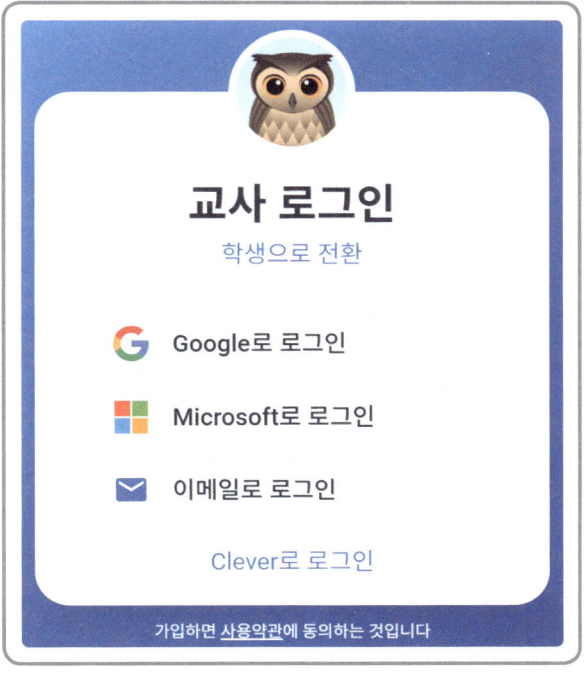

2 계정은 구글, MS 또는 이메일로 가입할 수 있습니다.
학생의 경우, 이메일 없이도 교사가 제공하는 QR 코드를 이용해 회원 가입을 할 수 있습니다.

3
계정을 생성하면 북 크리에이터에서 제공하는 기본 예시 책을 확인할 수 있습니다. 화면 중앙에 마우스 커서를 올리면 [편집( )] 버튼이 나타나며, 클릭하면 편집 화면으로 이동합니다.

4
화면의 각 요소는 독립된 개체입니다. 개체를 클릭하면 파란색 테두리가 나타나며, 드래그해 자유롭게 위치를 옮길 수 있습니다.

5
편집하고 싶은 항목을 더블 클릭하면 편집 창이 열립니다. 굵게, 기울임꼴(이탤릭체), 밑줄, 글자 색상, 첨자, 기호 삽입 등 다양한 텍스트 형식으로 꾸밀 수 있습니다.

6
화면 좌우에 위치한 화살표(〈, 〉)를 클릭하면 페이지를 앞뒤로 이동할 수 있습니다.
또한 마지막 페이지에서 [+]를 클릭해 새 페이지를 추가할 수 있습니다.

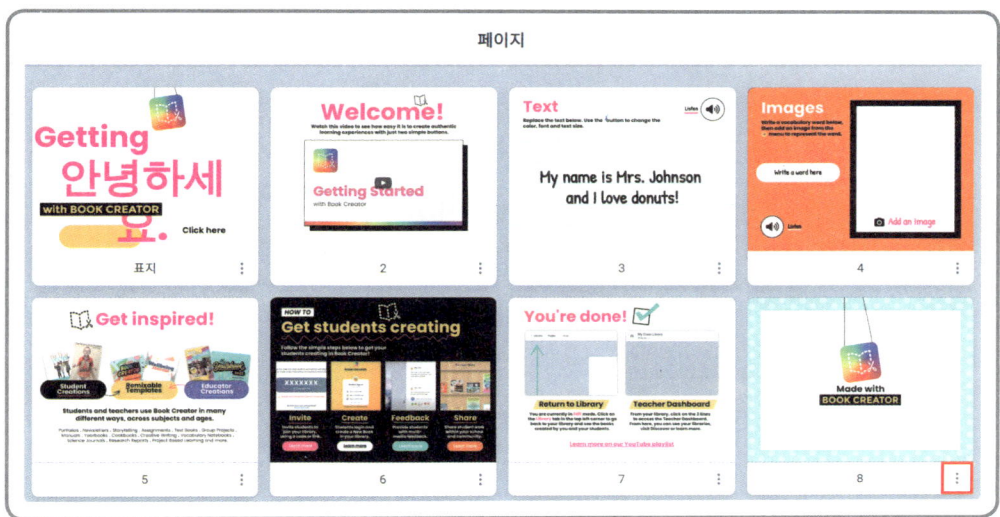

7 화면 상단의 [페이지] 버튼을 클릭하면 전체 페이지를 한 눈에 확인할 수 있습니다.
[설정(:)] 버튼을 클릭해 페이지 복사, 추가, 삭제, 이동 등의 기능을 사용할 수 있습니다.

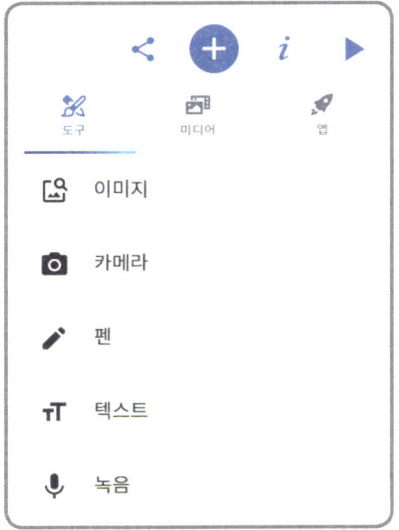

8
빈 화면에 요소를 추가해 보세요.
오른쪽 상단의 [+]를 클릭하면 도구, 미디어, 앱 메뉴를 선택할 수 있습니다.
[도구]에서는 이미지를 검색 또는 업로드, 펜 도구를 활용한 그리기, 텍스트 삽입 등이 가능합니다.

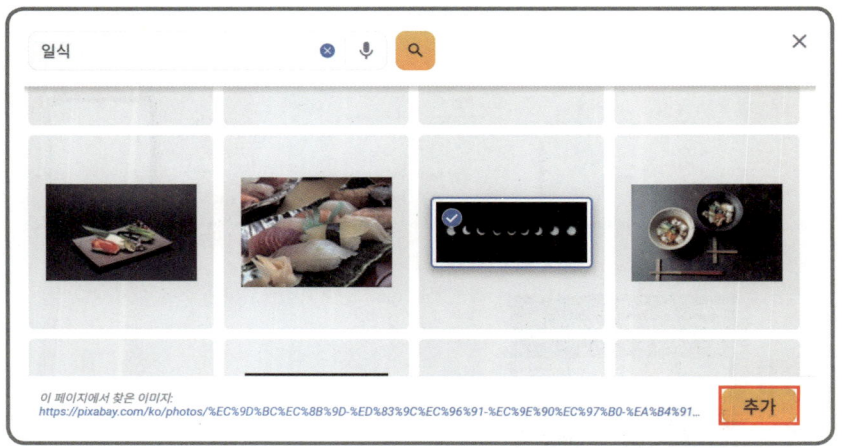

9 이미지를 추가하려면 [+] – [도구] – [이미지]를 선택한 후, 검색창에 '일식'을 입력해 이미지를 검색합니다. 마음에 드는 이미지를 선택하고 [추가] 버튼을 클릭하면 화면에 추가됩니다.

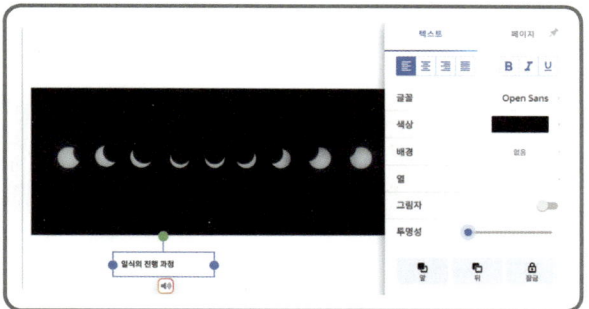

10 텍스트를 추가하려면 [+] – [도구] – [텍스트]를 선택한 후, 원하는 문구를 입력합니다.

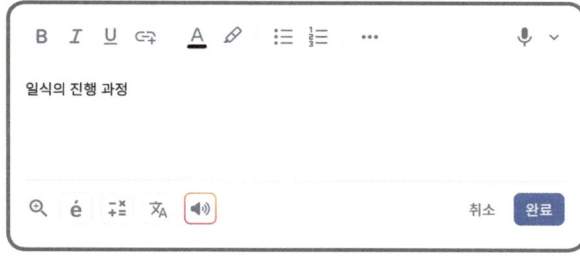

11 입력한 텍스트를 선택한 후, 오른쪽 상단의 [i] 아이콘을 클릭하면 글꼴, 크기, 그림자 효과 등 텍스트 스타일을 세부적으로 설정할 수 있습니다.

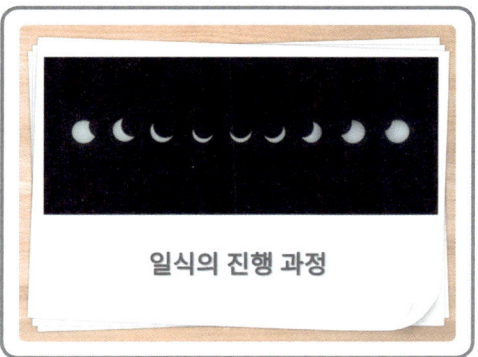

12
아무 요소도 선택하지 않은 상태에서 [i] 아이콘을 클릭하면 페이지 배경을 꾸밀 수 있습니다.

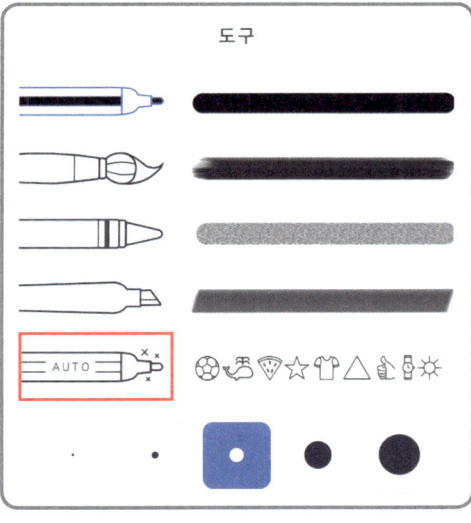

13
[+] - [도구] - [펜]을 선택한 후, 화면 하단의 [AUTO 펜]을 클릭하면 오토 드로우 기능을 사용할 수 있습니다.

이 기능은 인공지능이 사용자의 선을 인식해 그림을 자동으로 완성해 주는 도구로, 특히 초등학교 저학년 학생들에게 인기가 많습니다.

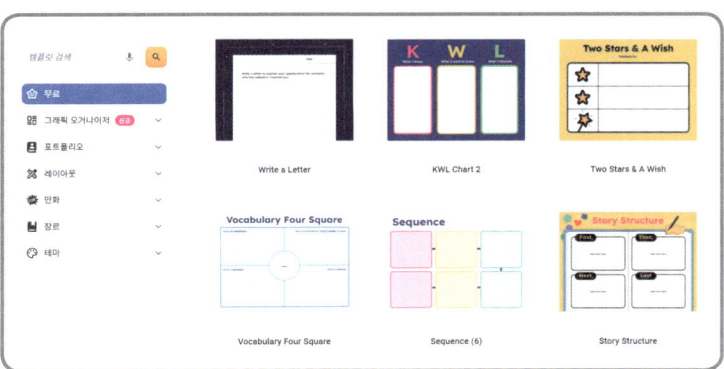

14 이번에는 [미디어] 기능을 알아볼까요? 페이지를 디자인하는 데 어려움이 있었다면, [+] - [미디어] - [템플릿] 메뉴에서 원하는 기본 템플릿을 가져와 손쉽게 디자인할 수 있습니다.

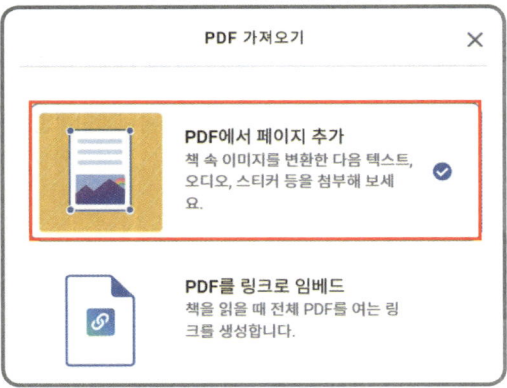

15

[+] – [미디어] – [파일] 메뉴에서는 PDF 파일의 원하는 페이지를 가져오거나, 링크 형태로 삽입할 수 있습니다.
활동지를 PDF 형식으로 추가하면, 바로 활용 가능한 온라인 활동지가 완성됩니다.

16

[+] – [미디어] – [임베드]를 선택한 후, 링크를 입력하면 해당 웹 사이트가 콘텐츠로 삽입됩니다.

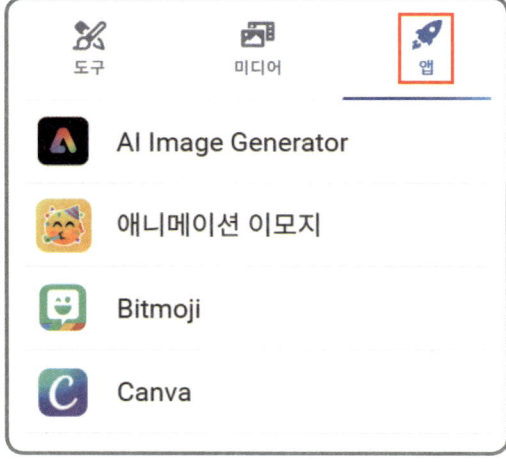

17

[앱] 기능을 활용하면 다양한 외부 도구를 북크리에이터에서 바로 연동해 활성화할 수 있습니다.
예를 들어, 캔바와 연계해 디자인 요소를 추가할 수 있고, 구글 드라이브에서 이미지나 영상 등을 불러올 수 있습니다.

18

원하는 앱을 선택하고 [앱 활성화] 버튼을 클릭합니다. 이후 현재 작업 중인 라이브러리를 선택하고 [완료]를 누르면 연동이 됩니다.

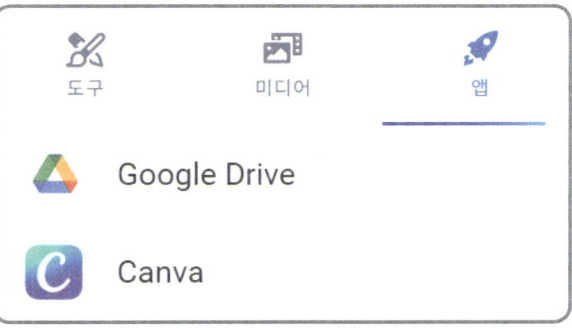

19

활성화된 앱은 화면 상단에 아이콘으로 표시되며, 필요할 때 바로 사용할 수 있습니다.

20

예를 들어, 캔바를 연동한 후 템플릿을 선택하고, 오른쪽 상단의 [책에 추가하기]를 클릭하면 해당 디자인이 북 크리에이터 작업 화면에 바로 추가됩니다.

PART 3 콘텐츠 제작 129

21

[공유(<)] 버튼을 클릭하면 학생에게 책을 배정 또는 과제로 할당할 수 있고, 책을 출판하거나 다운로드하는 기능도 함께 사용할 수 있습니다.

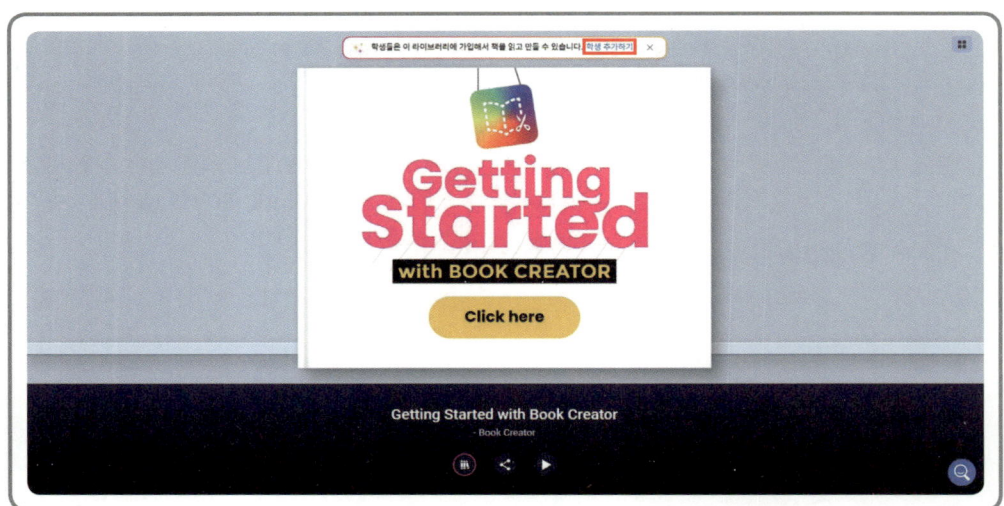

22
라이브러리의 첫 화면에서 [초대] 아이콘을 클릭하면 공유 코드가 생성됩니다. 학생들은 해당 코드를 입력해 라이브러리에 참여하고 함께 작업을 할 수 있습니다.

어때요?
따라해 보니
어렵지 않지요?

23 라이브러리 첫 화면 하단의 [책 옵션(📚)] 아이콘에서 '책 합치기' 기능을 사용하면, 학생들이 각자 만든 작품을 하나로 모아 학급 문고를 만들기에 딱 좋겠지요?

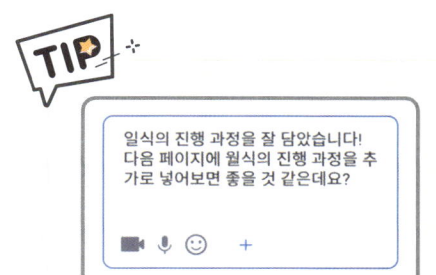

각 페이지 오른쪽 상단에 [말풍선(💬)] 아이콘을 클릭하면 텍스트, 오디오, 비디오, 스티커 등 다양한 형식의 피드백을 제공할 수 있습니다. 학생과의 개별 상호 작용은 덤입니다. 수업이 그 자체로 작품이 되는 순간, 북 크리에이터와 함께 경험해 보세요!

투닝

초간단 학습 만화 제작하기. 재미 × 유익 두 마리 토끼 잡기!

이렇게 활용해 보세요!	예시
안내 자료 제작 클릭과 Drag & Drop 방식으로 손쉽고 간편하게 제작할 수 있어요.	수행 평가 안내, 과학 행사 일정 안내, 실험 절차 소개, 학급 규칙 소개
교과 내용 정리 학생들이 학습한 내용을 웹툰으로 표현하면, 더욱 깊게 이해할 수 있어요.	우리나라 악기 소개 웹툰(음악), 도서 소개 웹툰(국어), 역사적 사건 설명 웹툰(사회)
AI 융합 수업 투닝 AI 기능을 활용하면 학생들의 창의성을 마음껏 발휘해요.	투닝 캐릭터를 활용한 줄거리 생성, 투닝 매직으로 배경 그림 제작, 나만의 캐릭터 디자인
창의적 체험 활동 학생 참여 프로젝트나 캠페인 활동에도 적극적으로 활용할 수 있어요.	환경 보호 캠페인 콘텐츠 제작, 미래 직업 상상하기 프로젝트, 나만의 목표 설정
콘텐츠 공모전(대회) 참가 공모전 활동을 통해 학생들의 창작 역량을 키우고 성취감을 높일 수 있어요.	투닝 웹소설·웹툰 공모전, 교육 콘텐츠 공모전, 수학 독후감 웹툰 공모전

투닝 사용 방법

1 주소창에 tooning.io를 입력하거나, 검색창에 '투닝'을 검색해 접속하세요. 오른쪽 상단의 [로그인]을 클릭하세요.

2 구글, 카카오, 페이스북, 이메일 계정으로 로그인을 할 수 있습니다. 웨일 스페이스 또는 쿨스쿨 학교 계정으로도 로그인이 가능합니다.

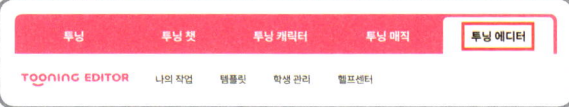

3 화면 상단의 [투닝 에디터] 탭에서 새롭게 작업을 시작하거나 제공된 템플릿을 활용할 수 있습니다.

PART 3 콘텐츠 제작 133

4

템플릿을 선택하면 유형별(밈, 포스터, 메시지 카드 등) 또는 교과별(도덕, 사회, 역사 등)로 분류된 다양한 자료를 바로 활용할 수 있습니다.

5

나의 작업을 선택한 후, 화면 오른쪽 상단 [제작하기] 버튼이나, 화면 오른쪽 하단의 [+] 아이콘을 클릭하면, 새로운 작업을 시작할 수 있습니다.

6

작업 화면 왼쪽 사이드바에는 웹툰 제작에 필요한 다양한 요소가 준비되어 있습니다. 캐릭터, 텍스트, 말풍선, 요소, 효과, 배경, 사진, 업로드, 드로잉 등 필요한 기능을 선택해 창의적인 웹툰을 제작해 보세요.

7

구성 요소 중 [배경]을 선택하면 다양한 배경 옵션이 표시됩니다.

마우스 휠을 이용해 주제별로 탐색하거나, 검색창에 키워드를 입력해 원하는 배경을 빠르게 찾을 수 있습니다. 또한 [컨트리뷰터(Contributor)] 탭에서 외부 작가의 콘텐츠를 구매해 활용할 수도 있습니다.

'학교', '교실'로 검색해 보세요. 다양한 종류의 배경이 나옵니다.

8

원하는 배경을 클릭하면 작업 공간에 바로 추가됩니다. 추가된 배경을 클릭하면, 필터를 적용하거나 세부 설정을 조정할 수 있습니다.

9

동일한 방식으로 [캐릭터] 탭에서 원하는 캐릭터를 선택해 작업 공간에 추가해 보세요.

10

추가된 캐릭터는 클릭 후 드래그해 원하는 위치로 이동할 수 있습니다.
또한, 캐릭터 모서리 둥근 점을 클릭하고 드래그하면 크기를 자유롭게 확대·축소할 수 있습니다.

11

캐릭터(또는 요소)를 클릭하면 작업 공간에 새로운 편집 창이 활성화됩니다. 이 창에서는 표정, 동작, 색상 등을 자유롭게 수정할 수 있습니다.

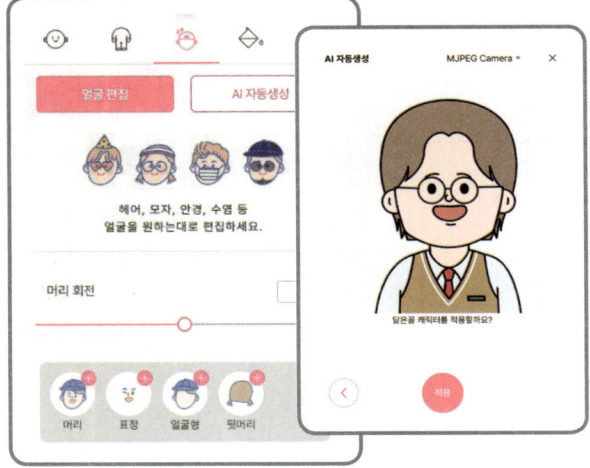

12

학생들이 특히 좋아하는 기능 중 하나는 바로 AI 자동 생성입니다.
노트북이나 태블릿, PC, 카메라 등을 활용해 자신만의 캐릭터를 자동으로 만들 수 있습니다.

" 나를 닮은 캐릭터를 만들어 주는 데 가끔 마상(마음의 상처)을 입는 아이들도 있습니다. "

13 캐릭터(또는 요소)를 클릭하면 작업 공간 상단에도 별도의 편집 창이 열립니다. 이곳에서 정렬, 뒤집기, 순서, 복제, 삭제 등 다양한 기능을 활용할 수 있습니다.

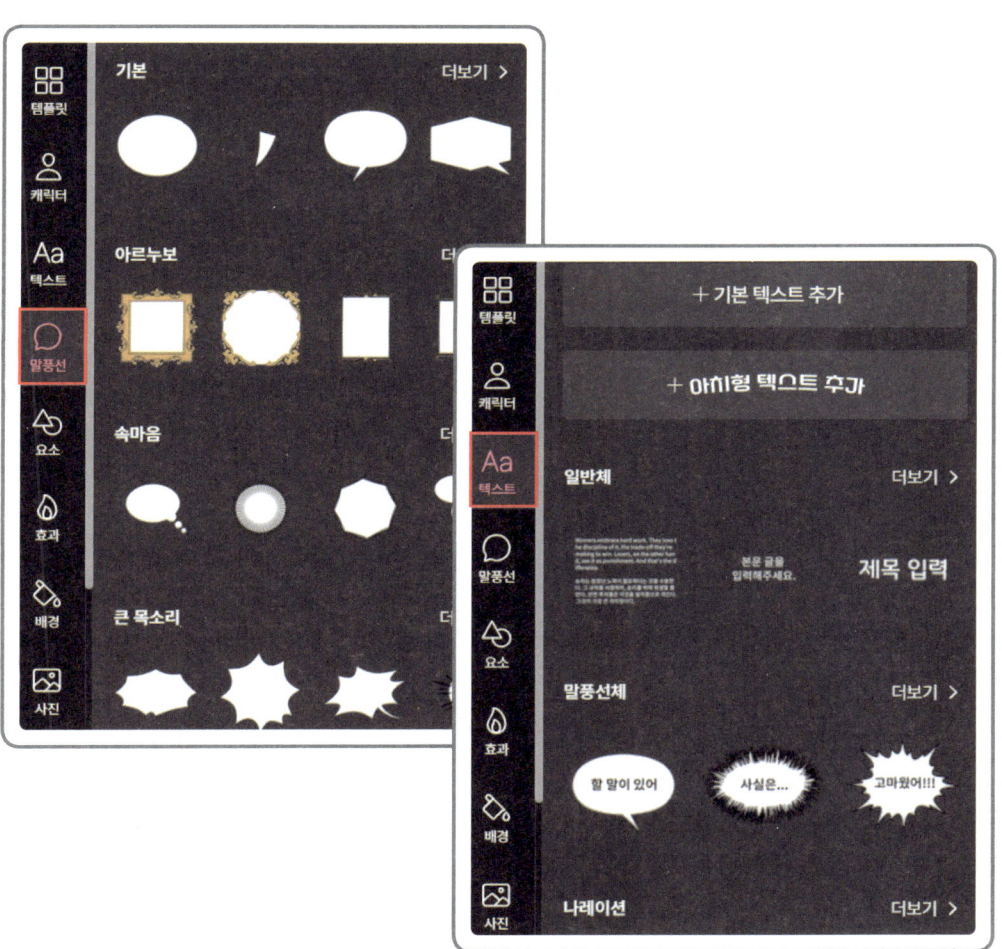

14 [말풍선] 메뉴에서 원하는 모양을 선택한 후, [텍스트]에서 글꼴을 추가해야 말풍선을 완성할 수 있습니다. 하지만 [텍스트] 메뉴의 '말풍선체'를 선택하면 말풍선과 텍스트가 동시에 추가됩니다. 더 편리하게 사용하려면, [텍스트] 입력 기능을 활용해 보세요.

15

말풍선 만의 글자를 이용해 말풍선과 텍스트를 삽입한 후, 원하는 대사를 입력해 보세요.
Ctrl 키를 누른 상태에서 텍스트와 말풍선을 선택하면 원하는 위치를 자유롭게 조절할 수 있습니다.

16

텍스트를 클릭하면 AI 버튼이 나타납니다.
이 버튼을 누르면 대사에 어울리는 표정과 동작을 AI가 추천해 줍니다.
다만, 가끔은 의도와 다른 표정이나 동작이 나올 수도 있습니다.

17

또한 투닝에는 다양한 AI 창작 기능이 포함되어 있습니다.
화면 오른쪽 하단의 [AI] 버튼을 클릭해 다양한 기능들을 활용해 보세요. 문장으로 웹툰 생성, 그림으로 요소 검색, 사진으로 캐릭터 제작, 글로 캐릭터 연출 등 다양한 서비스를 제공합니다.

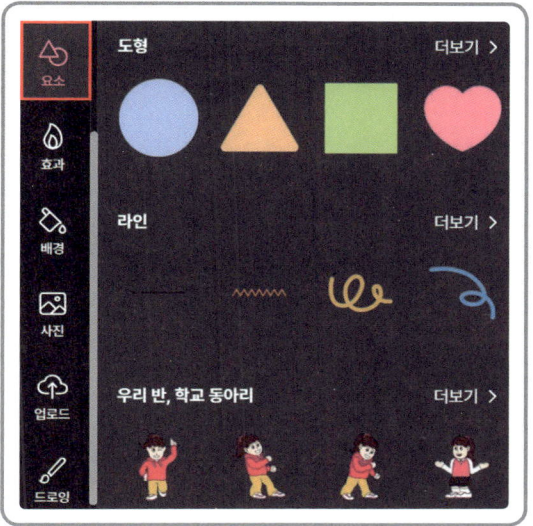 

18 왼쪽 사이드바에서는 요소와 효과를 추가해 세밀하게 표현할 수 있고 드로잉 기능으로 직접 그림을 그릴 수도 있습니다.

오른쪽 사이드바의 [+페이지 추가] 버튼을 클릭하면 새로운 페이지가 생성됩니다.

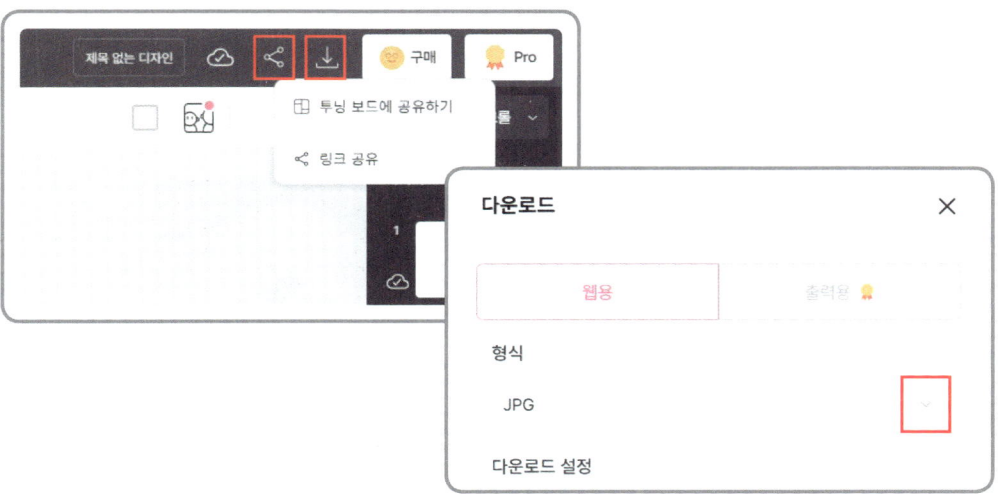

19 화면 오른쪽 상단의 [공유(⋖)] 버튼을 클릭하면 완성된 작품을 링크로 공유하거나 투닝 보드에 업로드할 수 있습니다.

[다운로드(↓)]를 누르면 JPG, PDF, PPTX, GIF, MP4 등 여러 가지 형식으로 저장할 수 있고, 여러 장의 이미지를 하나로 이어 붙이는 것도 가능합니다.

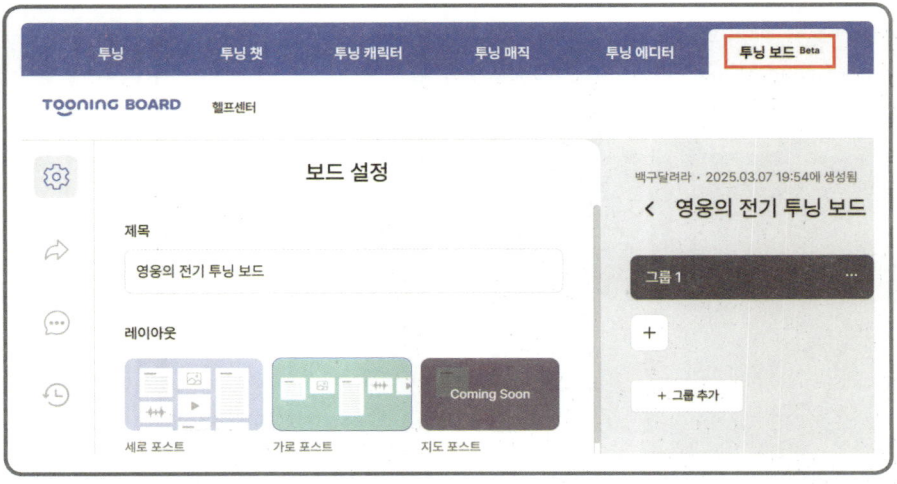

20 [투닝 보드] 탭에서 새로운 보드를 생성하면 웹툰 콘텐츠를 한 곳에 모아 게시할 수 있습니다. Just like 패들렛. 교사가 보드를 미리 생성해 두면 19번 기능을 통해 학생들이 바로 게시할 수 있습니다.

21 [투닝 매직] 탭에서는 짧은 문장이나 단어로 그림을 생성할 수 있습니다. 유명 화가의 화풍이나 스타일을 선택하면 손쉽게 작품을 완성할 수 있으며, 이미지로 생성하거나 실시간으로 직접 그려 표현할 수도 있습니다.

22 [투닝 캐릭터] 탭에서는 AI와 대화를 통해 다양한 주제에 대한 정보를 조사할 수 있습니다. 기존에 학습된 캐릭터를 선택하거나 자신만의 캐릭터를 생성해 대화를 나누며 웹툰의 줄거리와 대사에 대한 아이디어도 얻을 수 있습니다.

투닝은 다양한 주제와 활동으로 확장할 수 있는 최적의 학습 플랫폼입니다. 특히 교사는 인증을 통해 Pro 버전을 무료로 이용할 수 있으며, 학교 단위로는 할인된 가격으로 라이선스를 구매할 수 있습니다. 무료 버전에서도 학생들이 충분히 활동할 수 있도록 페이지 수나 AI 기능 등의 제한이 최소화되어 있습니다.

클릭 몇 번으로 웹툰을 완성할 수 있다니, 기대되지 않나요?

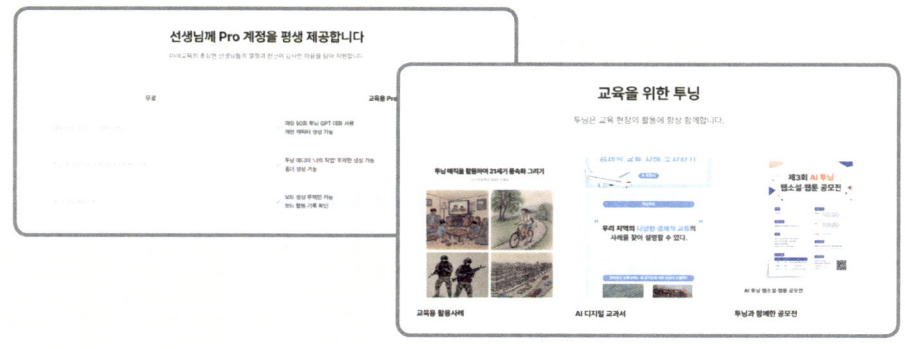

💬 새 학기가 시작될 때, 자기소개 웹툰을 만들었습니다. 초등학생들도 클릭만으로 간단하게 제작할 수 있어서 정말 좋습니다. 물론, 동작이나 표정을 세세하게 조정하는 친구들은 시간이 다소 오래 걸리기도 하지만, 대부분 짧은 시간 안에 자신만의 웹툰을 완성합니다. 아이들이 즐겁게 참여할 수 있어서 한 달에 한 번 정도 꾸준히 활용하고 있습니다.

(경기 초등학교 교사, 최○○)

💬 과학 수업에서는 개념이나 현상을 그림이나 글로 표현하는 활동이 많습니다. 특히 교과서에도 나오는 4컷, 8컷 웹툰 그리기는 흥미로운 활동이지만, 그림 그리는 것에 부담을 느끼는 학생들도 있어 적극적인 참여가 어렵기도 합니다. 투닝은 클릭만으로 누구나 쉽게 표현할 수 있어 이런 활동에 매우 적합합니다. 우주의 탄생, 지질공원 탐사, 기후 변화 등 다양한 주제를 웹툰으로 표현할 수 있고, 창의적 체험 활동 시간에도 충분히 활용 가능합니다.

(경기 중학교 과학 교사, 김○○)

💬 학교 주변을 탐방한 후, 지역 문제를 분석하고 개선 방안을 제시하는 프로젝트를 진행했습니다. 작년에는 보고서를 작성해 패들렛에 공유하고 친구들과 피드백을 주고받는 방식이었는데, 학생들의 반응이 다소 저조했습니다. 올해는 같은 주제를 웹툰으로 표현해 제출하도록 했더니 확실히 관심과 참여도가 높아졌습니다. 직접 장면을 구성하고 연출하면서 내용을 다시 정리하는 과정에서 학습 효과도 높아졌다고 느꼈습니다.

(경기 고등학교 사회 교사, 조○○)

💬 투닝은 수업 외에도 다양한 용도로 활용할 수 있습니다. 주변 교사들은 주로 교과 내용을 표현할 때 많이 사용하고 있고, 저 역시 자료 제작에 자주 활용하고 있습니다. 미리캔버스와 비슷한 구성이라 익숙하게 사용할 수 있고, 교사에게는 무료로 제공된다는 점도 큰 장점입니다. 학교 행사 공지나 수행평가 안내 자료를 만들 때도 매우 유용하게 활용하고 있습니다.

(인천 중학교 국어 교사, 김○○)

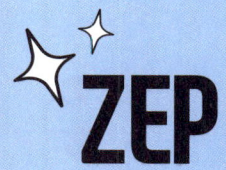
ZEP

수업에 활력을 불어넣는 메타버스. 학생 참여 100% 보장!

이렇게 활용해 보세요!	예시
온라인 수업 진행 게이미피케이션 요소가 풍부한 ZEP 플랫폼에서 학생 참여형 수업을 만들어요.	OX 퀴즈, 교과 내용 학습, 방 탈출 게임
온라인 체험 학습 실제 장소를 가상 공간으로 구현해 온라인에서도 생생한 체험 공간 학습을 경험할 수 있어요.	가상 지질 공원 답사, 박물관 견학, 환경 생태계 현장 체험, 역사 유적지 탐방
메타버스 전시회 온라인 전시관을 구축해 작품을 공유하고 전시할 수 있어요.	교육과정 박람회, 미술 작품 전시회, 과학 프로젝트 성과 공유회, 온라인 직업 박람회
프로젝트 기반 협업 학습 팀별 협업 공간을 제공해 학생들이 함께 문제를 해결할 수 있도록 지원해요.	모둠별·주제별 가상 공간 만들기, 온라인 그룹 토의, 학교 자율과정 활동
창의적 체험 활동 다양한 창의적 체험 활동 자료를 활용해 학생들의 적극적인 참여를 유도해요.	장애 이해 교육, 여름 방학 안전 교육 세계 시민 교육

난이도 ★★★★☆ 활용성 ★★★★★ 대중성 ★★★★★ 경제성 ★★★☆☆

ZEP 사용 방법

1 주소창에 zep.us를 입력하거나, 검색창에 'ZEP'을 검색하세요.
오른쪽 상단의 [로그인]을 클릭합니다.

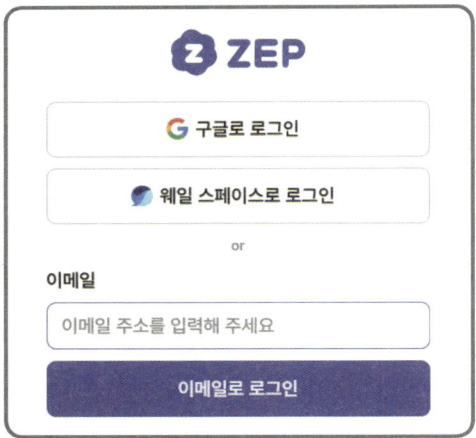

2 구글, 웨일스페이스 또는 이메일로 가입할 수 있습니다.
학생들은 회원 가입 없이 교사가 제공한 링크를 통해 바로 입장할 수 있습니다.

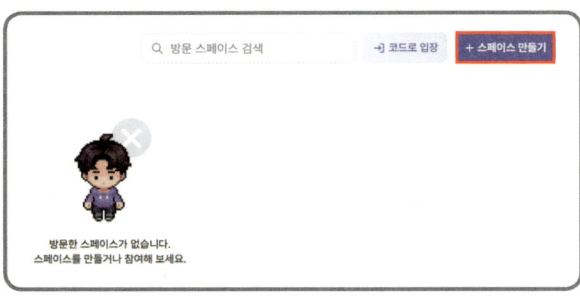

3 화면 중앙의 [스페이스 만들기]를 클릭하면 새로운 가상 공간을 생성할 수 있습니다. 다른 사용자가 제작한 스페이스의 코드를 알고 있다면, 해당 코드를 입력하여 입장할 수도 있습니다.

4 ZEP에서 제공하는 스페이스 템플릿을 활용하거나 [빈 맵에서 시작하기]를 선택해 직접 제작할 수 있습니다. 처음이라면 ZEP의 스페이스 템플릿을 활용해 보는 것도 좋습니다.

ZEP은 다른 도구에 비해 배우는데 조금 시간이 걸릴 수 있습니다. 특히 처음부터 빈 맵에서 만드는 것이 막막할 수 있습니다. ZEP에 있는 공식 맵들을 찬찬히 살펴보세요. 사용법을 익힐 수 있고 아이디어를 얻기 좋습니다.

5 퀴즈 영역에서 [학교 방탈출 12문제]를 선택하고, 스페이스 이름을 입력한 후, [스페이스 만들기]를 클릭하세요.

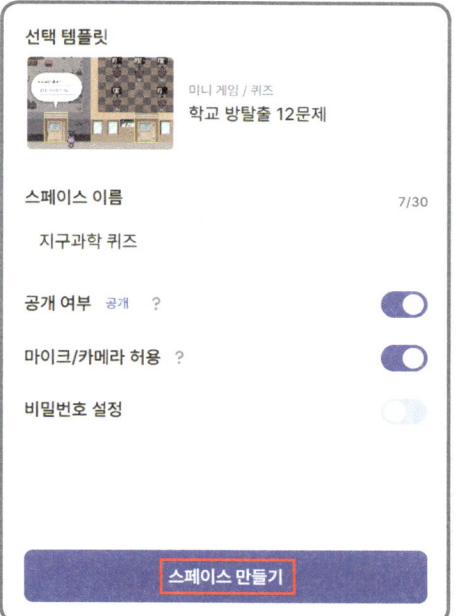

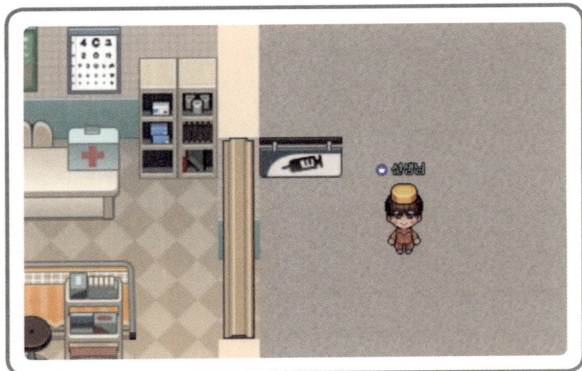

6

이제 아바타가 보이나요?
이 아바타를 활용해 가상 공간을 탐험할 차례입니다.
방향 키를 이용해 이동하거나 마우스를 더블 클릭하면 원하는 위치로 이동할 수 있습니다.

7

화면 하단 메뉴에서는 마이크와 카메라를 켜거나 화면 공유가 가능합니다. 또한 숫자키, Z, O, X를 눌러 다양한 리액션 기능도 활용할 수 있습니다.

8

화면 오른쪽 상단 메뉴에서는 현재 스페이스에 접속 중인 사용자 목록을 확인하고, 스페이스 링크 복사도 할 수 있습니다. 또한 아바타 주변 사용자의 카메라 화면을 볼 수 있습니다.

" ZEP에서도 ZOOM처럼 화상 채팅이 가능합니다. 그래서 코로나19 시기에 ZOOM으로 수업했을 때 딴짓을 하는 학생들을 방지하기 위해 ZEP에서 움직이는 아바타와 함께 화상 수업을 하신 선생님도 많았습니다. "

9

[사용자 목록]에서 자신의 이름을 클릭하면, 별명과 아바타를 변경할 수 있습니다.

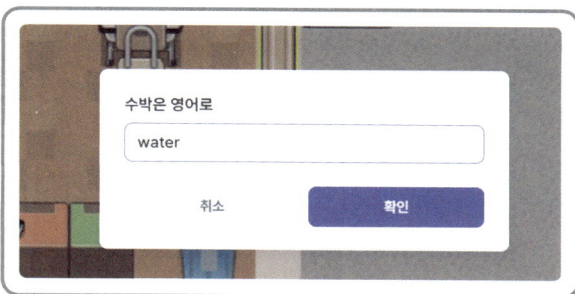

10

아바타가 이동 중 상호 작용이 가능한 오브젝트 근처에 도달하면, 해당 오브젝트의 상태창이 자동으로 나타납니다.

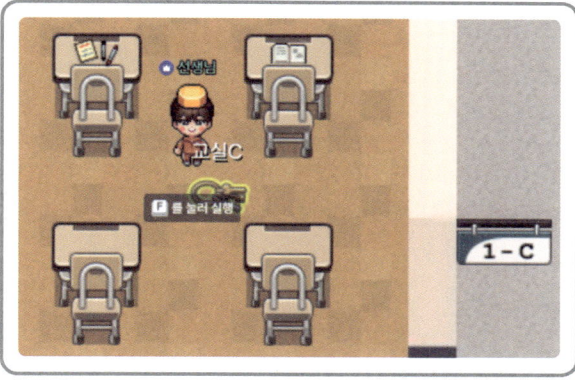

11

정답을 입력하면 문이 열리며 다음 공간으로 입장할 수 있습니다.
[F] 키를 클릭하면 상호 작용 오브젝트가 활성화되지만, 특별한 변화는 발생하지 않습니다.

12

화면 왼쪽 상단 메뉴에서 미니게임과 앱을 추가할 수 있습니다. 여기서는 앱 추가 [+] 버튼을 눌러 스탬프를 추가합니다. 그 외에도 다양한 앱을 설치하고 자유롭게 활용해 보세요.

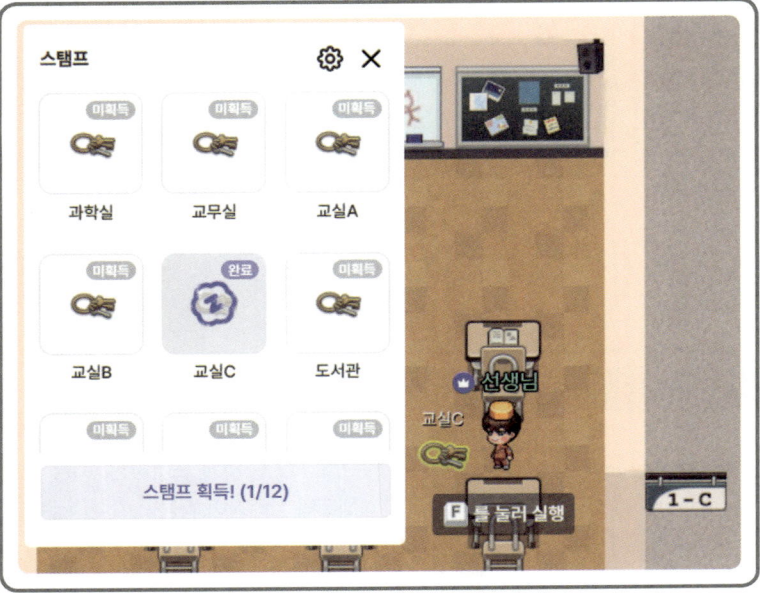

13 열쇠 모양 오브젝트를 [F] 키로 활성화하면 스탬프가 등장합니다. [스탬프 찍기]를 클릭하면 그림과 같이 스탬프가 하나씩 적립됩니다. 교실 문을 열고 스탬프를 모아 보세요!

14 스탬프 12개를 모두 모으면, 마지막 탈출 문을 열 수 있습니다. 학생들이 특히 좋아할 만한 활동이겠지요?

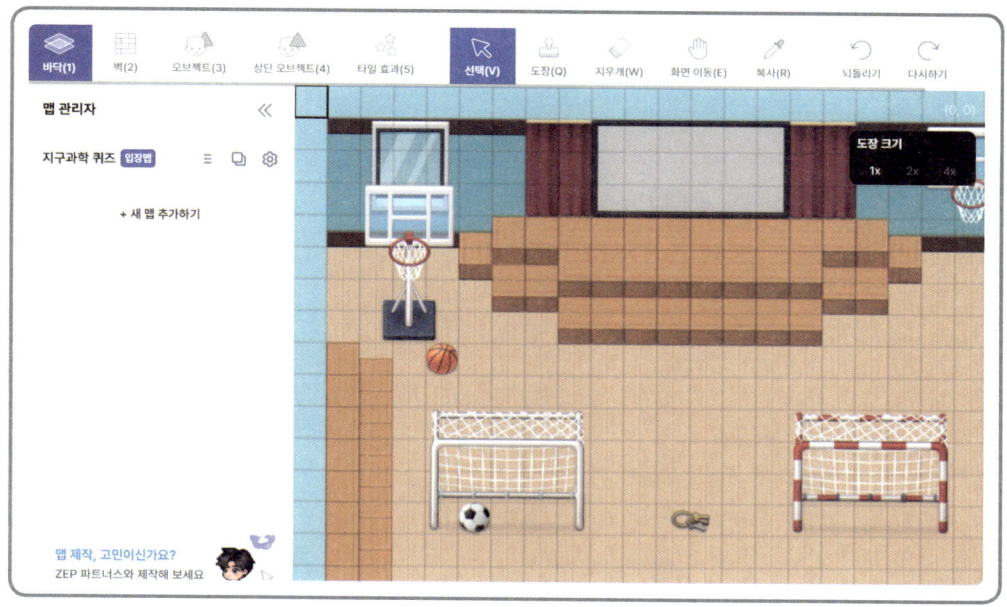

15 이번에는 원하는 퀴즈로 변경해 볼까요? 화면 왼쪽 하단 메뉴에서 [맵 에디터(🔧)] 아이콘을 클릭하면, 맵 편집 화면으로 이동합니다.

맵 안에 넣는 모든 물체들을 여기에서는 '오브젝트'라고 부릅니다.

16 방향 키로 원하는 위치로 이동한 후, 화면 상단의 [오브젝트]를 클릭하면 [설정(⚙)] 아이콘을 볼 수 있습니다. 오브젝트를 선택하면 설정창이 열립니다.

PART 3 콘텐츠 제작 149

17

[비밀번호 설명] 칸에 퀴즈 문항을 입력하고, [비밀번호] 칸에 정답을 설정합니다. 정답을 입력하면 문이 열리고, 오브젝트가 사라집니다.
또한 [실행 방법]에서 [F] 키를 클릭했을 때 오브젝트가 활성화되도록 설정할 수 있습니다.

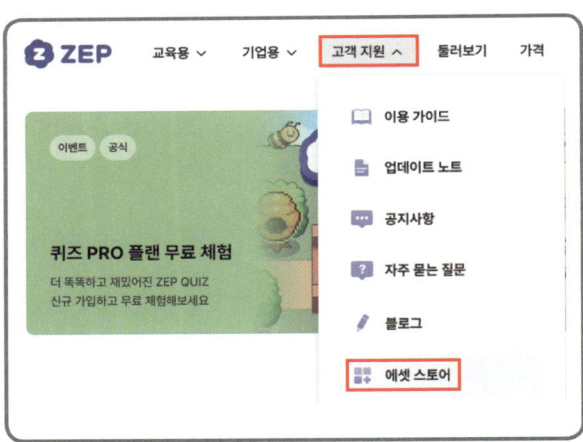

18

메인 화면(zep.us) 상단의 [고객 지원] 탭을 선택하고, [에셋 스토어]를 클릭해 보세요. 다양한 맵, 앱, 미니게임, 오브젝트 등을 구매하여 활용할 수 있습니다. 무료로 제공되는 에셋도 많으니 적극적으로 활용해 보세요.

19

[맵]에서 사용하고 싶은 맵을 선택한 후, [구매하기]를 클릭합니다.

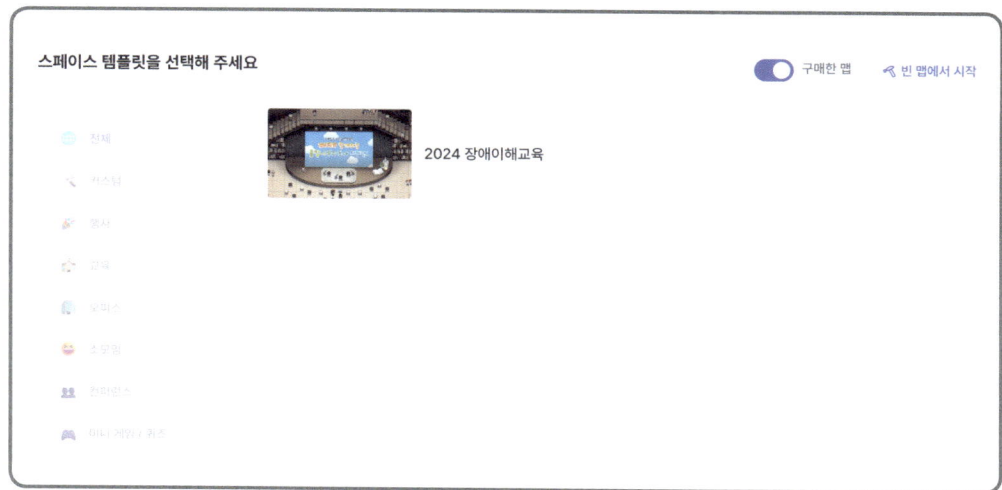

20 화면 오른쪽 상단의 [스페이스 만들기]를 선택하고 [구매한 맵]을 클릭하면, 에셋 스토어에서 구매한 맵을 확인할 수 있습니다.

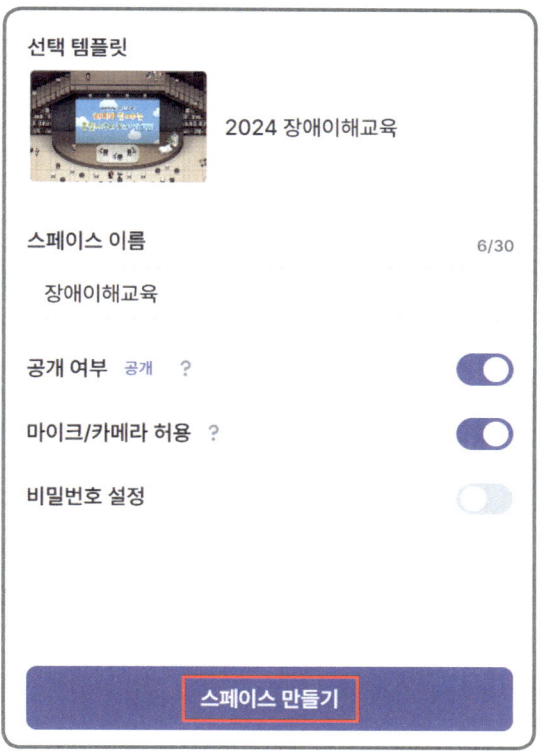

21
맵을 선택한 후, 스페이스 이름을 설정하고 [스페이스 만들기]를 클릭해 보세요.

PART 3 콘텐츠 제작 151

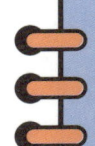

22
새로운 맵으로 이동하면 메뉴 창에 [맵 에디터()]가 나타납니다. 자유롭게 편집해 활용할 수 있습니다.

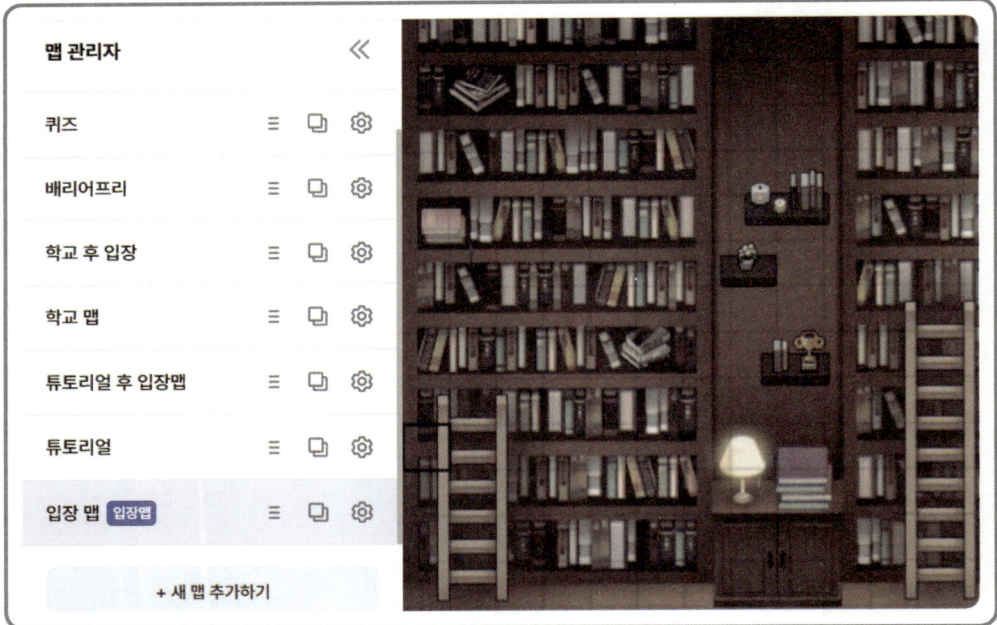

23
편집 화면에서는 스페이스의 전체 맵 구성을 한눈에 확인할 수 있습니다.
필요에 따라 구성을 변경하거나 추가해 목적에 맞게 조정합니다.

152

> 메타버스 플랫폼들은 비용이 조금 비싼 편입니다. 1년 구매보다는 필요한 시기에 맞춰 월별 구매를 추천합니다.

퀴즈와 게임 등 다양한 사이트와 연동해 효과적이고 재미있는 학습 환경을 구성할 수 있는 메타버스 플랫폼입니다. 기본 제공 스페이스만으로도 교과 수업, 창의적 체험 활동, 전시회, 박람회 등 다양한 활동이 가능합니다.

처음에는 다소 어렵게 느껴질 수 있지만, 학생들과 함께 우리 학교에 맞춘 공간을 직접 제작해 보는 것도 의미 있는 경험이 될 것입니다.

단, 무료 계정으로 제작한 스페이스는 최대 10명까지만 입장할 수 있는 제한이 있습니다. ZEP 학교 플랜을 활용하면 보다 효율적으로 운영이 가능합니다.

PART 3 콘텐츠 제작

PART 4 생성형 AI

이제는 선택 아닌 필수!
한번 배워 만 번 써먹는 AI 비서

ChatGPT 세상을 바꾼 원조 생성형 AI, 똑똑하게 활용하는 방법을 알려 드립니다!

SUNO AI로 만드는 음악, 창작의 한계를 넘어 새로운 가능성을 열다

GAMMA 클릭 몇 번으로 완성되는 완벽한 AI 프레젠테이션

> ## '챗'하고 비웃으면 큰코다친다.

이제는 생성형 AI는 선택이 아닌 필수입니다.

한번 익히면 만 번 써먹는 디지털 비서의 시대가 열렸습니다. 과제 점검, 피드백 제공, 다음 활동으로의 자연스러운 연결, 학부모 상담, 행정 업무, 수업 준비 등 교사가 감당해야 할 업무량은 상상을 초월합니다. 이 복잡한 퍼즐을 더 단순하고 효율적으로 풀 수는 없을까요? 초과 근무 없이 정시에 칼퇴할 수는 없을까요?

이제 해답은 '사람'뿐만 아니라 'AI'와 함께 찾는 시대입니다. 특히 교육계에서 주목받고 있는 것은 바로 생성형 AI입니다. 단순한 자동화 도구를 넘어, 창의적 사고를 돕고 학습을 설계하며 교육의 패러다임을 변화시키는 디지털 동료로 자리 잡고 있습니다.

그중에서도 가장 대표적인 AI가 바로 ChatGPT입니다. 단순히 질문을 던지는 것에서 그치지 않고, 프롬프트(질문 방식)를 어떻게 작성하느냐에 따라 결과가 완전히 달라진다는 점에서 AI 활용법을 익히는 것이 곧 새로운 시대의 핵심 역량이 됐습니다. 예를 들어, 같은 수업 목표라도 "간단히 요약해 줘."와 "초등학생이 이해할 수 있도록 3문장으로 요약해 줘."라고 요청하면 전혀 다른 답이 나옵니다. AI는 사용자의 지시가 구체적일수록 더 똑똑해진다는 점이 핵심입니다.

AI의 영역은 이제 텍스트를 넘어 음악, 이미지, 프레젠테이션까지 모든 창작 활동에 동행하고 있습니다. SUNO는 텍스트만으로 음악을 만드는 생성형 AI입니다. 간단한 설명만으로 노래를 제작하고, 멜로디와 보컬까지 구현할 수 있어 음악 수업, 학급 UCC 제작, 캠페인송 만들기 등에 활용 가능합니다. 학생들은 자신이 만든 가사가 음악으로 완성되는 과정을 통해 창의력과 성취감을 동시에 경험할 수 있습니다.

Midjourney와 같은 이미지 생성 AI는 키워드만 입력하면 그림, 포스터, 캐릭터까지 뚝딱 제작해 줍니다. 복잡한 디자인 프로그램 없이도 '내가 상상한 것'을 눈앞에 구현할 수 있습니다.

또한 GAMMA는 AI 기반 프레젠테이션 도구로 텍스트 입력만으로 슬라이드를 자동으로 디자인하고 생성할 수 있어 학생 발표, 교사 수업 자료, 학급 행사 안내문 제작 등에 큰 힘을 발휘할 수 있습니다.

정보 탐색 도구도 진화하고 있는데, Perplexity AI는 단순한 검색을 넘어 질문에 대한 요약된 답변과 신뢰할 수 있는 출처까지 제공합니다. 학생들의 리서치와 발표 준비, 교사의 정확하고 빠른 정보 탐색에 효과적입니다.

이처럼 생성형 AI는 더 이상 '특별한 사람들'만의 도구가 아닙니다. 교실, 교무실, 가정 등 어디에서나 누구든 쉽게 배우고 활용할 수 있는 디지털 비서입니다. 핵심은 어떻게 시작하느냐 입니다.

PART4에서는 ChatGPT를 비롯해 다양한 생성형 AI 도구의 활용법을 소개합니다. 단순한 기능 설명을 넘어, 수업과 학급 운영에 바로 적용할 수 있는 실용적인 팁을 중심으로 구성해, 누구나 '나만의 AI 활용법'을 만들어 갈 수 있도록 돕습니다. 이제는 교사도, 학생도, 학부모도 AI를 이해하고 활용할 수 있어야 하는 시대입니다.

한번 배우면 만 번 써먹을 수 있습니다. AI를 가장 잘 활용하는 교실, 그 주인공은 바로 선생님입니다.

> 프롬프트 엔지니어링

생성형 AI를 효과적으로 활용하는 방법

1. 생성형 AI는 어떻게 동작할까?

1) 트랜스포머(Transformer) 알고리즘의 등장

현재 GPT(Generative Pre-trained Transformer)와 같은 생성형 AI의 핵심 기술은 트랜스포머(Transformer) 모델입니다. 트랜스포머는 2017년 구글 연구팀이 발표한 모델로, 사람이 일상에서 쓰는 말과 글, 즉 자연 언어를 이해하고 처리하는 데 혁신적인 성과를 거두었습니다. 트랜스포머 이전에 사용되던 RNN(Recurrent Neural Network)과 LSTM(Long Short-Term Memory)은 긴 문맥을 이해하는 데 한계가 있었고, 학습 속도도 매우 느렸습니다. 반면, 트랜스포머는 모든 단어를 동시에 처리할 수 있어 학습 속도가 빠르며, 어텐션 매커니즘(Attention Mechanism)을 활용해 문장 속 단어 간 관계를 더 깊이 이해할 수 있습니다. 덕분에 트랜스포머는 긴 문장이나 복잡한 구조의 문장도 앞뒤 문맥을 고려해 정밀하게 파악할 수 있게 되었습니다.

트랜스포머에서 가장 중요한 요소는 셀프 어텐션(Self-Attention)입니다. 어텐션이란, 문장 속 각 단어가 다른 단어들과 어떻게 연결되는지를 분석하는 과정을 말합니다. 예를 들어, 다음 문장을 살펴봅시다.

> "그녀는 사과를 좋아한다. 그래서 그녀는 매일 사과를 먹는다."

이 문장에서 '그녀'는 '매일 사과를 먹는다'와 강하게 연결되어 있습니다. 어텐션 매커니즘은 이러한 단어 간 연관성을 수치로 계산하고, 중요한 단어에 더 높은 가중치를 부여합니다. 즉, 어텐션을 통해 '그녀'가 '사과를 먹는다'와 '사과'는 '좋아한다'와 연결되는 방식입니다. 이

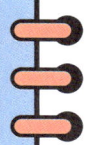

와 같이 트랜스포머는 문장 속 단어들의 관계를 수학적으로 분석해 맥락 있는 문장으로 이해합니다.

2) 대형 언어 모델(LLM: Large Language Model)이란?

트랜스포머 알고리즘을 기반으로, 수십억 개 이상의 매개변수(Parameters)를 학습한 거대한 AI 모델이 등장했습니다. 이를 대형 언어 모델(LLM)이라 부릅니다. LLM은 방대한 규모의 데이터 학습을 통해 복잡한 언어를 이해하고 생성할 수 있는 인공지능입니다. 책, 논문, 뉴스, 코드 등 인터넷에 존재하는 엄청난 양의 문장을 학습하고 요약하며, 질문에 대한 답변 등 다양한 직업을 수행합니다. LLM은 사람이 사용하는 언어의 패턴을 학습해, 사용자가 입력한 프롬프트(Prompt)에 따라 가장 적절한 다음 단어를 예측하는 방식으로 작동합니다. 현재 세계적으로 널리 사용되는 대표적인 LLM은 다음과 같습니다.

모델	개발사	특징
GPT	Open AI	가장 널리 알려진 생성형 AI 모델. 고급 대화, 코딩, 글쓰기, 논리적 사고 가능
Gemini	Google	검색 기능과 결합된 Google의 LLM. 텍스트, 이미지, 음성 등 멀티모달 처리 가능
Claude	Anthropioc	AI의 안정성을 강조한 언어 모델. 인간과 유사한 대화 및 창작 능력 보유

GPT-4의 학습 데이터는 수십 테라바이트(TB) 이상으로 알려져 있으며, 각 기업은 더 거대한 LLM을 지속적으로 개발하고 있습니다. LLM이 등장하기 전의 AI 모델은 번역, 요약, 감정 분석 등 특정 업무에 특화된 작고 단일한 모델이었습니다. 그러나 LLM은 하나의 모델로 다양한 작업을 수행할 수 있도록 학습된 범용 AI입니다. 이러한 LLM의 발전으로 AI는 단순한 챗봇을 넘어, 인간 수준의 대화와 창작이 가능한 도구로 진화했습니다.

하지만 아무리 뛰어난 LLM이라도, 사용자가 어떻게 질문(프롬프트)을 입력하느냐에 따라 결과의 품질이 달라집니다. 따라서 LLM을 효과적으로 활용하기 위해서는 '프롬프트 엔지니어링(Prompt Engineering)'에 대한 이해와 학습이 필요합니다.

2. 프롬프트란 무엇인가?

프롬프트(Prompt)는 GPT와 같은 인공지능 모델에게 제공하는 지시문 또는 명령어입니다.

```
■ 명령 프롬프트                    ×   +  ∨

Microsoft Windows [Version 10.0.26100.3476]
(c) Microsoft Corporation. All rights reserved.

C:\Users\USER>cd..

C:\Users>
```

[컴퓨터 프롬프트 화면]

예전에 도스(DOS) 환경에서 명령어를 입력해 컴퓨터를 작동시킨 경험이 있다면, 쉽게 이해하실 수 있습니다. 프롬프트는 인공지능에게 수행할 작업을 지시하고, 사용자의 의도를 전달하는 핵심 수단입니다. 프롬프트 작성 방법에 따라 인공지능이 생성하는 답변의 정확도와 품질이 크게 달라집니다.

GPT 모델은 사용자가 입력한 프롬프트를 바탕으로, 가장 적절한 응답을 확률적으로 예측해 생성합니다. 따라서 프롬프트는 구체적이고 명확할수록 더 정확한 답변을 얻을 수 있습니다.

프롬프트 예시

간단한 프롬프트	구체적인 프롬프트
우주에 관해 설명해 줘.	고등학교 지구과학 교과서 수준에서 우주의 팽창 원리를 300자 이내로 설명해 줘.
지구과학 시험 문제를 내 줘.	고등학교 지구과학 수준에 맞춰 열점에 관한 시험 문제를 만들어 줘. 화산, 지각, 열점의 윤곽선을 활용하고, 판 구조론과 비교할 수 있는 문항이면 좋겠어.
3D 스캐너를 사려고 하는데 추천해 줘.	암석을 3D 플랫폼에 전시하려고 해. 예산은 150만 원이고, 전문 지식이 없는 학생도 쉽게 사용할 수 있으며, 파일 변환이 쉬운 3D 스캐너를 추천해 줘.

3. 프롬프트 작성의 기초

1) 명확한 목적 설정

인공지능은 사람의 마음을 읽지 못합니다. 질문이 모호하면 원하지 않는 방향으로 흐릿한 답변이 나올 수 있습니다. 따라서 무엇을 알고 싶은지, 어떤 목적을 위해 질문하는지를 구체적으로 설명해야 합니다.

예를 들어, "지구과학 이슈를 알려 줘."라는 질문은 너무 막연합니다. 대상이 누구인지(유아, 초등학생, 중학생, 고등학생, 대학생, 일반인), 이슈의 범위가 어디인지(국내, 아시아, 유럽, 전 세계), 주제가 무엇인지(교육, 기술 등) 정보가 부족합니다. "2025년 대한민국 고등학생들에게 설명할 천문 이슈 5가지만 제시하고, 과학적 원리를 500자 정도로 설명해 줘."라고 질문한다면 원하는 답변이 나올 가능성이 높습니다.

2) 역할 부여

인공지능은 다양한 역할을 수행할 수 있습니다. 역할을 부여하면 단순한 정보 제공을 넘어, 전문가처럼 맥락 있는 설명을 제공합니다.

"세종 대왕의 업적을 알려 줘."라고만 하면 백과사전식 설명이 나올 수 있습니다. 하지만 "너는 중학교 1학년 역사 선생님이야. 중학생이 이해하기 쉬운 단어와 문장으로 세종 대왕의 업적 3가지를 설명해 줘."

이렇게 요청하면 더욱 친절하고 수준에 맞는 설명이 제공됩니다.

3) 형식과 조건 지정

원하는 형식(표, 리스트, 슬라이드)이나 분량(문장 수, 글자 수), 톤, 난이도 등을 지정하면, 내용뿐 아니라 형식까지도 필요에 맞춰 응답을 받을 수 있습니다.

"태양계에 대해 알려 줘."는 범위가 너무 넓고 대상도 불분명합니다. 하지만 "초등학교 5학년이 읽을 수 있는 쉬운 단어로, 태양계 행성을 각 슬라이드에 5줄씩 정리해 줘. PPT 형식으로 부탁해." 이렇게 바꿔 질문하면 훨씬 구체적이고 활용도 높은 자료를 받을 수 있습니다.

4) 맥락 제시

질문에 이 내용을 왜 요청하는지, 누구를 위한 것인지, 언제, 어떤 상황에서 쓸 것인지를 덧붙여 설명하면 인공지능은 더 정교하고 실용적인 결과를 생성합니다.

"교내 연수 시간에 동료 교사들에게 '투닝'을 활용한 교과 수업을 소개하려고 해. 대부분 처음 접하는 선생님들이라 쉽게 이해할 수 있도록 PPT 슬라이드를 20장 정도로 구성해 줘. 발표 시간은 약 20분이야."

이처럼 맥락이 포함되면 마치 수업 지도안을 짜듯 상황에 맞는 자료를 만들 수 있게 도와줍니다.

5) 피드백 제공

첫 시도에 완벽한 답변이 나오지 않을 수 있습니다. 그러나 대화를 이어 가며 조율해 보세요. 친구에게 말하듯 자연스럽게 요청하면 됩니다.

"조금 더 쉬운 단어로 바꿔 줘."

"학생들에게 설명하듯 말해 줘."

"예시 하나만 더 넣어 줘."

"첫 문장을 인사말로 시작해 줘."

"지금 내용에 감정 표현을 조금 더 추가해 줘."

이처럼 피드백을 주고받는 과정이 더 나은 결과를 만드는 핵심입니다.

4. 조금 더 똑똑하게 질문하기

1) 사고의 흐름을 유도하기(Chain-of-Thought Prompting)

인공지능은 질문에 답변할 때, 종종 사고 과정을 생략한 채 결과만 간단히 제시하는 경향이 있습니다. 특히 수학 문제나 복잡한 개념처럼 논리적 흐름이 중요한 질문에서는 이런 방식이 아쉬울 수 있습니다. 이럴 때는 다음과 같이 요청해 보세요.

"단계별로 설명해 줘."

"생각하는 과정을 알려 줘."

이렇게 요구하면 인공지능은 중간 과정을 구체적으로 드러내, 더 정교하고 이해하기 쉬운 답변을 제공합니다.

예를 들어, "152×36은 뭐야?"라고만 물으면 단순히 아래와 같이 답만 제시합니다.

반면, "152×36 계산 과정을 단계별로 설명해 줘."라고 요청하면, 다음처럼 계산 과정을 보여줍니다.

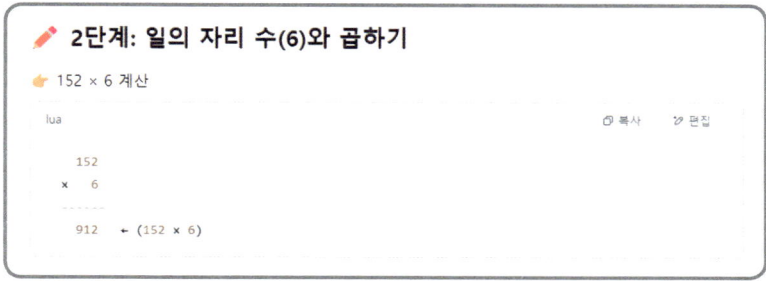

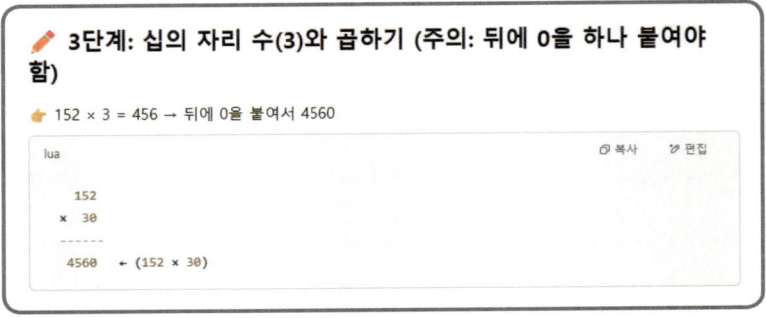

이와 같은 방식은 수학 문제 풀이뿐 아니라 과학 개념 설명, 글쓰기 구조 설계 등 복잡한 사고 과정을 필요로 하는 질문에서 특히 유용합니다. 사고의 흐름을 요청하는 프롬프트는, 인공지능 답변의 품질을 한층 더 높이는 효과적인 방법입니다.

2) 예시로 이해시키기(One-Shot, Few-Shot Prompting)

인공지능은 학습된 패턴을 기반으로 작동하기 때문에, 예시를 먼저 제시한 후 요청하면 훨씬 정확하고 일관된 답변을 받을 수 있습니다.

예시를 하나만 보여 주는 경우를 원샷(One-Shot), 여러 개를 제시하는 경우를 퓨샷(Few-Shot)이라고 합니다.

예를 들어, 생활 기록부에 들어갈 문장을 작성한다고 가정해 보겠습니다.

예시 "교과 개념 발표하기 활동에서 관심 있는 주제의 교과 핵심 개념을 다양한 자료를 활용해 발표 자료를 제작하고 친구들에게 설명함."

요청 "이런 문구를 참고해 생활 기록부 초안을 작성해 줘. 키워드는 '지구 온난화', '조별 활동', '과학 발표'야."

이렇게 하면 인공지능은 제시한 형식과 어투를 반영해 그에 맞는 문장을 생성합니다.

> 교과 개념 발표하기 활동에서 '우주 거대 구조'를 주제로 선정하고, 교과서 외 자료를 활용하여 발표자료를 제작함. 공동과 필라멘트 구조를 중심으로 우주의 구조를 설명하고, 필라멘트가 교차하는 지점에 은하단 또는 초은하단이 위치한다는 개념을 명확히 전달함. 교과 핵심 개념을 잘 이해하고 설명하였으며, 청중의 호응을 자연스럽게 유도하는 발표 태도를 보임.
>
> 이 문장에서는
> ☑ 주제 이해도 (거대 구조, 필라멘트 등)
> ☑ 교과 핵심 개념 전달력
> ☑ 청중과의 소통 능력
> 이 골고루 드러나도록 구성했습니다.
> 필요하시면 바이트 수 확인용 요약 버전이나 성취 강조 중심 버전도 도와드릴게요!

이런 방식은 생활 기록부 문구 작성뿐 아니라 자기소개서 초안 작성, 논술 문항 예시 작성, 수행평가 피드백 등 다양한 교육 업무에 활용할 수 있습니다.

결과적으로, '먼저 보여 주고, 그 다음 요청하기'는 인공지능의 이해도를 높이고, 원하는 결과에 훨씬 가까운 답변을 만들어 줍니다. 꼭 기억해 두세요!

세상을 바꾼 원조 생성형 AI, 똑똑하게 활용하는 방법을 알려 드립니다!

이렇게 활용해 보세요!	예시
맞춤형 수업 자료 제작 교과별·수준별 학습 자료를 빠르고 간편하게 제작할 수 있어요.	수준별 영어 읽기 자료, 과학 개념 퀴즈, 각종 문제 생성
행정 업무 간소화 처음에는 어려운 각종 문서 작성도 AI와 함께하면 시간을 획기적으로 줄일 수 있어요.	교육과정 운영 계획서, 동아리 활동 계획서, 가정 통신문 작성
진로 및 학습 상담 학생들의 진로 탐색과 학습 상담을 AI가 도와줄 수 있어요.	전공 및 진로 추천, 자기소개서 첨삭, 학습 방법 제안, 학습 습관 개선 방법 제시
수업 아이디어 창의적이고 융합적인 수업 아이디어를 AI를 통해 얻을 수 있어요.	과학 탐구 실험 활동 추천, 역사 수업 역할극 대본 작성, 자율 교육과정(융합 수업) 추천
자료 정리 및 요약 PDF, 동영상 등 다양한 자료를 핵심 내용 중심으로 요약할 수 있어요.	최신 교육 트렌드 요약, 논문(PDF) 요약, 지구과학 자료 정리, 영어 뉴스 번역
글쓰기 지원 학생들의 글쓰기를 위해 AI가 맞춤형 피드백과 아이디어를 지원해요.	웹툰·소설 시나리오 작성, 문장 다듬기, 주제 추천, 발표 대본 초안 작성

난이도 ★★☆☆☆ 활용성 ★★★★★ 대중성 ★★★★★ 경제성 ★★★★★

ChatGPT 사용 방법

무엇을 도와드릴까요?

무엇이든 물어보세요

+ 첨부   검색   이성   음성

텍스트 요약   데이터 분석   재미있는 정보   글쓰기 도움   코딩   더 보기

1 주소창에 chatgpt.com을 입력하거나, 검색창에 '챗지피티'를 검색하세요.
로그인 없이도 질문을 입력하면 실시간으로 답변을 받을 수 있습니다.

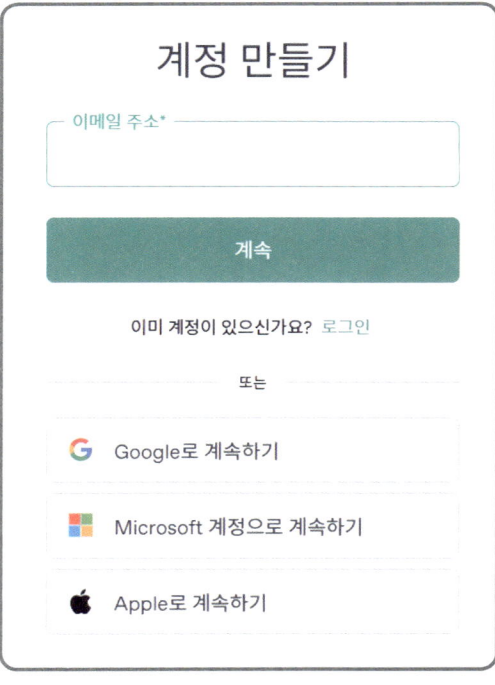

2 더욱 다양한 기능과 향상된 성능을 경험하려면 로그인하세요.
로그인하면 GPT와의 이전 대화 기록을 확인할 수 있고, 나만의 맞춤형 활용이 가능합니다. 구글, MS, 이메일 계정으로도 간편하게 가입할 수 있습니다.

> GPT를 활용할 때의 꿀팁을 알고 싶어

GPT를 더 효과적으로 활용하는 꿀팁 몇 가지를 알려줄게!

🔥 **1. 프롬프트(질문) 잘 쓰기**
GPT의 답변은 질문(프롬프트)에 따라 크게 달라져.
- **구체적으로 질문하기** → "마케팅 전략 좀 알려줘"보다는 **"스타트업을 위한 저예산 마케팅 전략 3가지 추천해줘"**
- **역할을 부여하기** → "너는 이제부터 전문 카피라이터야. 신제품 광고 문구를 작성해줘."
- **예시를 포함하기** → "이런 스타일로 글을 써줘: [예시 제공]"

🎯 **2. 답변의 퀄리티 높이기**
- **추가 질문 활용** → "좀 더 자세히 설명해줘", "예제 포함해서 다시 알려줘"
- **다른 시각 요청** → "이걸 반대 입장에서도 설명해줄 수 있어?"
- **스타일 조정** → "더 간결하게 요약해줘", "쉽고 친근한 톤으로 바꿔줘"

3 이제 입력창에 궁금한 내용을 입력해 볼까요?
질문을 작성한 후 Enter 키를 누르면, 실시간으로 답변이 생성됩니다.

1. 👍 **좋아요** – 응답이 만족스러울 때 클릭
2. 👎 **싫어요** – 응답이 부족하거나 부정확할 때 클릭
3. 🔊 **음성 재생** – 응답을 음성으로 들을 수 있음
4. ✏️ **입력 편집** – 내가 입력한 프롬프트를 수정할 수 있음
5. 🔄 **모델 바꾸기** – 사용 중인 GPT 모델을 변경할 수 있음

4 답변 생성이 완료되면 화면 하단에 피드백 버튼과 다양한 추가 기능이 표시됩니다.
추가 질문을 통해 대화를 계속 이어갈 수 있습니다.

응답 바꿔달라고 하기 ↑
🔄 다시 시도하기
↕️ 세부 정보 추가
⇅ 더 간결하게
🌐 **웹 검색하기**
🔀 **모델 바꾸기**

Auto
생각하는 시간을 정하세요

Instant
즉시 대답

Thinking
좋은 답변을 위해 더 오래 생각

GPT-4o

5 모델 바꾸기를 선택하면 사용 가능한 GPT 모델 목록이 표시됩니다. 질문할 내용이 최근 이슈와 관련된 경우에는 웹 검색하기 기능을 활용하세요.

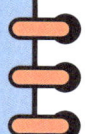

6 응답 전에 [생각하기()] 버튼을 클릭하면 GPT는 바로 답변을 출력하지 않고, 먼저 답변 과정을 설계하고 추론한 후, 더욱 정교하고 깊이 있는 답변을 제공합니다.

> 대한민국 중학교 3학년 영어 교과서의 어휘 수준과 문장 구조를
> 고려해서 읽기 자료를 난이도별(상·중·하)로 만들어 줘.
>
> 다음과 같이 대한민국 중학교 3학년 영어 교과서의 어휘와 문장 구조 수준을 고려하여 난이도를 상·중·하로 구분한 읽기 자료를 구성했습니다.
>
> ---
>
> **수준: 하 (Easy)**
> 제목: My Favorite Season
>
> My name is Jisu. My favorite season is summer. In summer, the weather is hot and sunny. I love to swim with my friends. We eat ice cream and watermelon. Sometimes we go to the beach. We play in the water and build sandcastles. Summer makes me happy.

7 수업 자료를 만들어 볼까요? 다음과 같이 프롬프트를 입력해 보세요.

> **예시** "대한민국 중학교 3학년 영어 교과서의 어휘 수준과 문장 구조를 고려해 읽기 자료를 난이도별(상·중·하)로 만들어 줘."

동일한 질문을 하더라도 답변은 달라질 수 있습니다.

> 네, 아래에 다시 한번 깔끔하게 **친환경 에너지** 주제를 대한민국 중학교 3학년 영어 수준을 고려하여 난이도별(상·중·하)로 구분한 읽기 자료를 제시하겠습니다. (전체 단어 300개 이상)
>
> ---
>
> **난이도: 하 (Easy)**
> **Green Energy is Good**
>
> Green energy helps our Earth. It comes from the sun, wind, and water. These sources do not hurt the environment. People use solar panels to catch energy from the sun. They put solar panels on houses and schools. Wind turbines make energy from the wind. They look like big fans. Water also makes clean energy. Rivers and waterfalls help make power. This is called hydropower. Green energy does not make pollution. Pollution makes our air dirty. We can all help our planet by using green energy at home. Let's save energy together!

8 원하는 내용을 구체적으로 입력할수록 더 정확한 답변을 받을 수 있습니다.
예를 들어, 영어 단어와 주제를 명확하게 제시해 보세요.

고등학교 1학년 최소 성취수준 예방 지도 안내

학부모님, 안녕하십니까?

항상 본교의 교육 활동에 깊은 관심과 성원을 보내주심에 감사드립니다.

본교에서는 모든 학생이 기본 학습 수준을 충실히 달성할 수 있도록 '최소 성취수준 예방 지도'를 실시하고 있습니다. 최소 성취수준이란 학생이 교과의 필수 학습 내용을 이해하고 수행할 수 있는 가장 기초적인 수준으로, 이를 달성하지 못할 경우 학습 부진과 교과 적응에 어려움을 겪을 수 있습니다.

이에 따라 본교는 다음과 같은 지도를 통해 학생들의 기초학력 향상을 위해 노력하고 있습니다.

- **교과별 학습 진단 및 맞춤형 지원**: 학기 초 진단평가를 통해 학생 개개인의 학습 수준을 파악하고, 부족한 부분을 맞춤형으로 지도합니다.
- **보충학습 프로그램 운영**: 방과 후 및 자율학습 시간에 학습 지원 프로그램을 운영하여 기초 학습 능력을 보완합니다.
- **상시적 상담 및 멘토링**: 교사-학생 간의 개별 상담과 멘토링을 통해 학생들의 정서적, 학습적 어려움을 지속적으로 관리합니다.

학교에서 작성하는 가정 통신문(학부모 총회, 체험 학습 안내, 방과후 안내 등)은 이제 GPT로 작성해 보세요!

9 이번에는 고등학교 1학년 최소 성취 수준 보장 지도에 관한 가정 통신문을 생성해 보겠습니다.

10 참고할 문서는 입력창에 드래그해 붙여 넣거나, 입력창 하단의 [+] 버튼을 클릭해 파일로 업로드할 수 있습니다.

2025학년도 이후 고교학점제 학점이수...
PDF

이 문서 내용을 토대로 가정통신문을 작성해줄래?

고등학교 1학년 최소 성취수준 보장 지도 안내

학부모님, 안녕하십니까?

항상 본교의 교육 활동에 깊은 관심과 성원을 보내주심에 감사드립니다.

2025학년도부터 고교학점제가 전면 시행됨에 따라 학생들은 자신이 선택한 교과목을 책임감 있게 이수해야 합니다. 이에 본교는 모든 학생들이 각 교과에서 최소한의 학업 성취수준을 달성할 수 있도록 「최소 성취수준 보장 지도」를 운영하고 있습니다.

「최소 성취수준 보장 지도」란 학생들이 각 과목의 수업횟수 중 2/3 이상 출석하고 학업성취율 40% 이상을 충족하여 과목 이수를 보장받을 수 있도록 지원하는 지도 프로그램입니다. 이를 통해 학생 개개인이 교과의 기본 학습 목표를 달성하고, 책임감 있는 학습 태도를 기를 수 있도록 돕고자 합니다.

본교에서는 다음과 같은 프로그램을 운영하고 있습니다.

1. 예방 지도 운영

- 학기 초, 진단 평가와 교과 및 담임교사 추천을 통해 최소 성취수준 미도달 예상 학생을 파악합니다.
- 미도달 예상 학생 중 희망자를 대상으로 방과 후 보충 지도, 학습멘토링, AI 디지털교과서를 활용한 개인 맞춤형 지도 등을 제공합니다.

11 답변의 품질이 달라진 것을 느끼셨나요?
GPT는 제공된 정보가 많을수록 더 정확하고 상세한 답변을 만들어 냅니다.

대한민국 고등학교 2학년 학생이 지구과학 분야의 진로를 고민할 때 참고할 수 있는 직업 리스트와 관련 추천 전공을 아래와 같이 안내합니다.

◆ **지구과학 분야 직업 리스트**

1. 연구 및 교육 분야
- 지질학자
- 천문학자(천체물리학자 포함)
- 기상학자(기상 예보관 등)
- 해양학자
- 지구과학 교사
- 환경 연구원
- 우주과학자(우주 탐사 및 연구)

12 AI를 활용해 학생의 진로 및 학습 자료를 만들어 보세요. 상담 시 참고할 수 있는 유용한 정보를 얻을 수 있습니다.

> 예시 "대한민국 고등학교 2학년 학생이 지구과학 분야의 진로를 고민하고 있어. 이 학생이 참고할 만한 직업 리스트와 추천 전공을 알려 줘."

관심사나 강점을 함께 입력하면 더 맞춤화된 정보를 받을 수 있습니다.

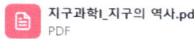
지구과학1_지구의 역사.pdf
PDF

교과서 내용을 참고해서 지질 구조를 평가할 수 있는 서술형 문항 3개를 만들고, 예상되는 학생의 답변에 따른 피드백 예시를 작성해 줘.

다음은 교과서 내용을 참고하여 지질 구조를 평가할 수 있는 서술형 문항 3가지와 예상되는 학생의 답변에 따른 피드백 예시입니다.

문항 1:
어떤 지질 구조를 보고 이 구조가 '습곡'인지 '단층'인지 구별하는 방법을 설명하시오.

예상 학생 답변 예시:
- 지층이 끊어져 있고 끊어진 면을 기준으로 양쪽이 움직였다면 단층이다. 지층이 끊어지지 않고 휘어져 있으면 습곡이다.

13 평가 문항을 생성하고, 학생 답안에 대한 피드백도 작성할 수 있습니다.
"교과서 내용을 참고해서 지질 구조를 평가할 수 있는 서술형 문항 3개를 만들고, 예상되는 학생의 답변에 따른 피드백 예시를 작성해 줘."와 같이 논술형 문항 피드백도 가능합니다.

✅ **1. 은하 분류를 재미있게 배우는 디지털 수업 만들기**

허블이라는 천문학자가 만든 은하 분류 방법(타원형, 나선형, 불규칙형 등)을 **디지털 가상공간(ZEP 플랫폼)**에서 쉽게 배우도록 만든 수업이에요.
학생들이 직접 들어가서 은하를 관찰하고, 분류하며 공부할 수 있어요.

✅ **2. AI와 챗GPT도 수업에 활용**

이 수업에서는 **Galaxy Zoo**라는 실제 연구 사이트를 이용해 진짜 은하를 분류해보고,
ChatGPT를 이용해 새로운 은하 분류 방법도 스스로 생각해보게 했어요.
단순히 배우는 걸 넘어서, 학생들이 **창의적으로 생각해보도록** 도운 거예요.

14 논문, 보고서, 뉴스 기사 등 다양한 자료를 핵심 위주로 정리할 수 있습니다.
"다음 논문(PDF)을 읽고, 주요 사항을 5가지로 요약해 줘. 고등학생도 쉽게 이해할 수 있는 표현으로 작성해 줘."

🗨 이 사진을 설명해줄래?

이 사진은 **별 회전 궤적(Star Trails)** 을 촬영한 장노출 사진입니다.

➕ **설명**

- 하늘 중심에 **북극성(Polaris)** 이 위치하고 있으며, 그 주변의 별들이 원형 궤적을 그리며 회전하는 모습이 보입니다.
- 이러한 현상은 **지구의 자전** 때문에 발생합니다. 지구가 서에서 동으로 회전하면서, 하늘의 별들이 북극성을 중심으로 움직이는 것처럼 보이는 것입니다.
- 사진은 **장노출(Long Exposure)** 촬영 기법을 사용하여, 일정 시간 동안 별들의 움직임을 연속적으로 기록한 것입니다. 보통 몇 분에서 몇 시간 동안 촬영하면 이런 궤적이 만들어집니다.

15 이미지를 업로드한 후, GPT에게 설명을 요청할 수 있습니다.
이미지 분석을 통해 과학적 원리, 촬영 방법 등 다양한 정보를 얻을 수 있습니다.

> instrument on the Solar Orbiter ESA spacecraft and identify any Type III bursts. With data collected since the mission's launch in 2020, thousands of bursts are waiting to be discovered—and your participation will help build the most comprehensive Type III catalog to date.
>
> 한국어로 번역해줘
>
> 태양 폭발을 포착하고 발견의 물결을 타보세요! 우리는 **태양 전파 폭발 추적기(Solar Radio Burst Tracker)**를 공식적으로 시작하게 되어 매우 기쁩니다.
>
> 이 흥미로운 시민 과학 프로젝트에 참여하여 태양의 비밀을 밝혀보세요. 이 프로젝트는 태양이 어떻게 에너지를 우주 공간으로 방출하는지를 연구하며, 특히 III형(타입 III) 태양 전파 폭발에 초점을 맞추고 있습니다. 이러한 강력한 전파 신호는 태양의 대기와 행성간 공간에서 생성됩니다.
>
> 프로젝트에 참여하면 유럽우주국(ESA)의 솔라 오비터(Solar Orbiter) 탐사선에 탑재된 RPW(Radio and Plasma Waves) 장비가 포착한 전파 스펙트럼을 분석하고, III형 전파 폭발을 식별하는 작업을 수행하게 됩니다.

" 요즘 영어 회화 연습도 GPT와 함께하는 사람이 많습니다. 출퇴근길에 음성으로 대화해 보세요! (유료 기능입니다.) "

16 외국어 작문과 해석도 GPT와 함께라면 문제 없습니다. 단순 번역은 물론, 문장 교정과 첨삭까지 가능합니다. 문법 오류 설명도 요청해 보세요!

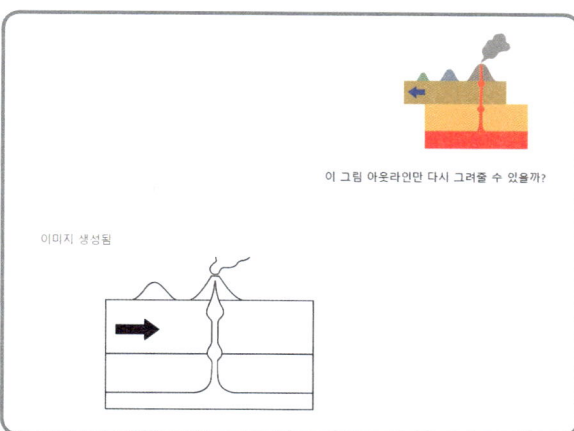

17

지필 평가나 수행 평가에 활용할 이미지를 직접 생성할 수 있습니다. 이미지를 먼저 제시하거나, 핵심 개념이 잘 드러나도록 요청하면 인공지능이 그에 맞는 이미지를 만들어 줍니다.

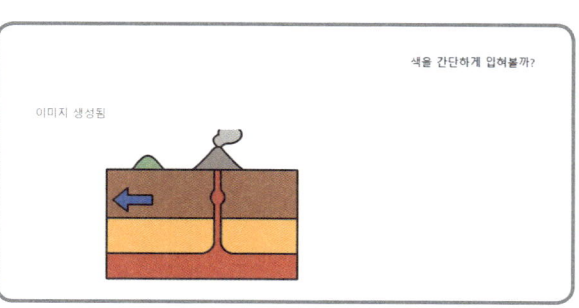

18

원하는 이미지가 처음부터 완벽하게 나오지 않아도 괜찮습니다. 친구와 대화하듯 필요한 사항을 자세히 설명하면, 점점 원하는 결과에 가까운 이미지를 얻을 수 있습니다.

19

지브리 스타일처럼 인기 있는 이미지로 사진을 변환해 보겠습니다.
사진을 첨부한 후,
"지브리 스타일로 바꿔 줘.",
"디즈니 느낌으로 변환해 줘."
"마블 캐릭터처럼 만들어 줘."와 같이 요청할 수 있습니다.
또한 "선만 깔끔하게 정리해 줘.",
"배경을 흰색으로 바꿔 줘."처럼 세부적인 수정 요청도 가능해 다양하게 활용할 수 있습니다.

다음은 **중학교 과학 수업에서 활용할 '화산활동' 강의 원고(PPT 슬라이드 10장 분량)**입니다. 각 슬라이드는 핵심 내용을 3줄로 요약했습니다.

📌 **화산활동 강의 원고 (PPT 10장 분량)**

1. 화산이란?
- 화산은 지구 내부에서 뜨거운 마그마가 분출하는 현상입니다.
- 주로 지각의 판 경계에서 발생하며, 지구 내부의 에너지를 방출합니다.
- 화산 분출은 지형을 변화시키고, 기후에도 영향을 미칠 수 있습니다.

2. 화산의 구성 요소
- 화산은 마그마, 분화구, 화산재, 용암, 화산가스 등으로 구성됩니다.
- 마그마가 지표로 올라오면 '용암'이 되어 흘러내립니다.
- 분출된 물질은 화산재, 가스(이산화황, 수증기 등)로 공기 중에 퍼집니다.

20

강의 자료도 손쉽게 만들 수 있습니다.
"중학교 과학 수업에서 사용할 화산 활동 강의 원고를 작성해 줘. PPT 슬라이드 10장 정도 분량으로, 슬라이드당 핵심 내용을 3줄로 정리해 줘."라고 요청하면 됩니다.
이렇게 생성한 내용을 기반으로 캔바, 감마 등과 연계하면 더 효과적이고 완성도 높은 자료를 만들 수 있습니다.

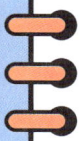

> 물론이죠. 아래는 한강 작가 특유의 서정적이고 절제된 문체를 반영하여 쓴,
> **'한여름밤의 추억'**이라는 주제의 짧은 감성 소설입니다.
>
> **한여름밤의 추억**
>
> 그날 밤, 온 세상이 숨을 죽인 것처럼 조용했다.
> 달빛은 우유처럼 퍼졌고, 벌레 소리조차 아주 멀리서만 들렸다. 나는 오래된 정원 의자에 앉아, 어릴 적 여름 냄새를 생각했다.
> 풀잎을 문 고양이, 방충망에 부딪힌 작은 나방, 엄마가 마당에서 식히던 찬 수박.
> 그 사람은, 나보다 먼저 도착해 있었다.
> 흰 셔츠를 입고, 손에는 바람에 젖은 책을 들고 있었다.
> 우리는 아무 말도 하지 않았다.
> 어쩌면, 말이 너무 많았던 계절이 끝나고 나서야 비로소 말없이 마주앉을 수 있었는지도 모른다.

21 소설이나 시 쓰기도 이제 어렵지 않습니다. 초안 작성부터 문장 다듬기까지, 글쓰기 활동을 체계적으로 지원합니다. "한강 작가 스타일로 작성해 줘."처럼 특정 작가의 문체로 작성해 달라고 요청할 수도 있습니다.

22 마지막으로, 입력창 오른쪽 끝의 [음성 모드 사용(🎙)] 버튼을 클릭하면 음성으로 GPT와 대화할 수 있습니다. 마치 마블 시리즈의 '자비스'처럼 인공지능 비서를 직접 활용해 볼까요?

TIP

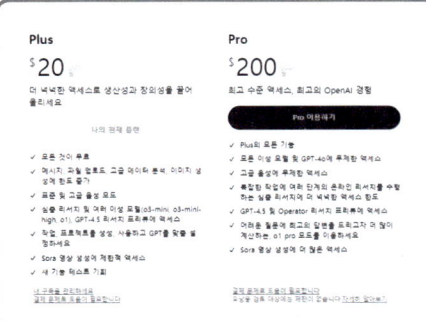

GPT는 학교 현장에서 수업 준비를 더욱 효과적으로 하고, 행정 업무를 간소화하며 학생 맞춤형 지원을 돕는 강력한 도구입니다. 하지만 효과적인 활용의 핵심은 '구체적인 프롬프트'입니다.

조건을 명확히 제시하고, 역할을 부여해 질문하면 훨씬 더 정밀하고 스마트한 답변을 제공합니다. 무료 버전도 충분히 활용할 수 있지만, 더욱 다양한 기능과 안정적인 성능을 원한다면 유료 버전 사용을 권장합니다. 오늘부터 GPT와 함께 더 똑똑하고 창의적인 학교를 만들어 보세요.

*주의사항: 오픈AI는 ChatGPT 사용 연령을 18세 이상이나 보호자의 동의를 얻은 13세 이상으로 규정하고 있습니다. 또한 유료 결제 시 매월 자동 결제가 이루어지므로 반드시 결제 주기를 확인하세요.

AI로 만드는 음악, 창작의 한계를 넘어 새로운 가능성을 열다

이렇게 활용해 보세요!	예시
텍스트 기반 AI 작곡 간단한 문장이나 키워드를 입력하면, AI가 자동으로 곡을 만들어요. **가사 + 멜로디 자동 생성** 가사를 입력하면 멜로디가 생성되고, 원하는 분위기에 맞춰 음악이 완성돼요. **다운로드 및 공유 기능** 완성된 음악은 MP3 파일로 저장하거나 SNS, 유튜브 등 다양한 플랫폼에 손쉽게 공유할 수 있어요.	배경 음악 제작, 유튜브용 BGM 제작, 학급 반가 제작, 모둠별 뮤직비디오 제작, 학교 홍보 영상용 음악 제작

SUNO 사용 방법

1 주소창에 https://suno.com/을 입력하거나, 검색창에 '수노'를 검색합니다.
구글 ID로 로그인 연동이 가능합니다.

2 로그인을 하면, 마치 유튜브 음원 플랫폼을 연상케 하는 스트리밍 사이트가 나타납니다. 왼쪽 메뉴를 하나씩 살펴보면 다음과 같습니다.

Create	텍스트를 입력해 AI 음악을 생성하는 메뉴
Library	직접 만든 음악을 저장하고 관리하는 공간
Explore	다른 사용자가 만든 AI 음악을 감상하거나 참고할 수 있는 공간
Search	노래 제목이나 키워드로 곡을 검색하는 기능
50 Credits	현재 보유한 곡 생성용 크레딧 수
Subscribe	유료 플랜 구독 메뉴
What's new?	신규 기능 및 업데이트 소식
Notifications	곡 생성 완료, 시스템 관련 알림 등 안내 메시지

" 메뉴는 많지만 거의 Create만 사용합니다. "

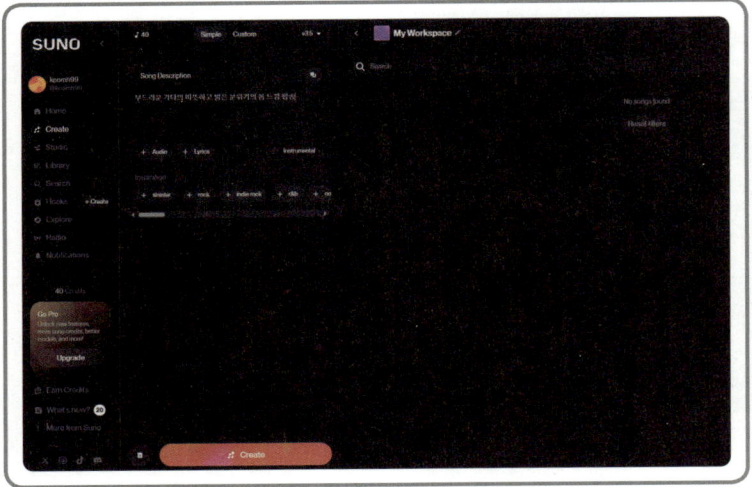

3 이제 음악을 만들어 보겠습니다. 'Create'를 누르면 두 가지 방식(Describe song, Custom)으로 음악을 생성할 수 있습니다. 먼저, Describe song(당신의 노래를 설명해 주세요) 기능을 사용해 보겠습니다. 간단한 텍스트만 입력하면, 원하는 분위기의 음악을 즉시 만들어 줍니다.
예시로 '부드러운 기타의 따뜻하고 밝은 분위기의 봄 느낌 팝송'을 입력하고 [Create] 버튼을 클릭합니다.

 최대 200자까지 입력 가능하며, 'Instrumental' 옵션을 선택하면 가사 없이 기악곡으로 생성됩니다.

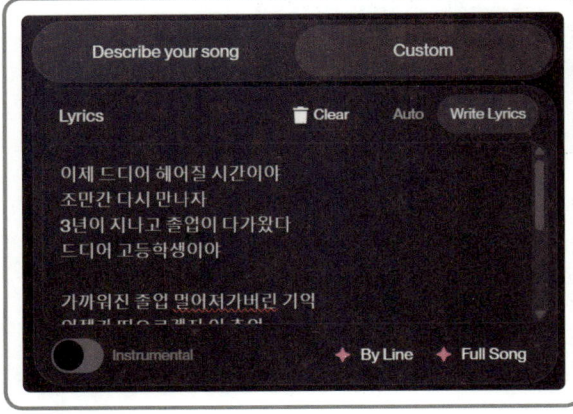

아무래도 창작 요소가 더 가미된 Custom이 수업용으로 더 유용하고 적합합니다.

4 다음으로 'Custom(커스텀)' 기능은 가사와 장르, 분위기 등을 보다 구체적으로 입력하여 음악을 만드는 방법입니다.
직접 작성한 가사를 원하는 분위기에 좀 더 세밀하게 표현할 수 있다는 장점이 있습니다.
'Lyrics(가사)' 항목에 학생들이 '졸업'을 주제로 만든 가사를 입력해 보았습니다.

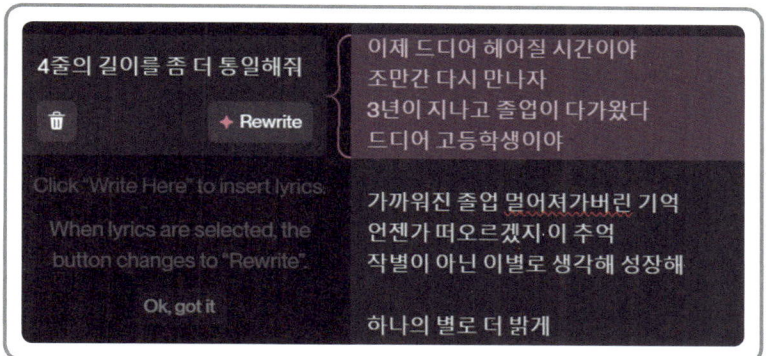

5 가사가 다소 어색하다면 AI의 도움을 받아 가사를 한 줄씩(By Line) 수정하거나, 전체 가사를 새롭게 생성(Full Song)할 수도 있습니다. [By Line]으로 수정해 보겠습니다.

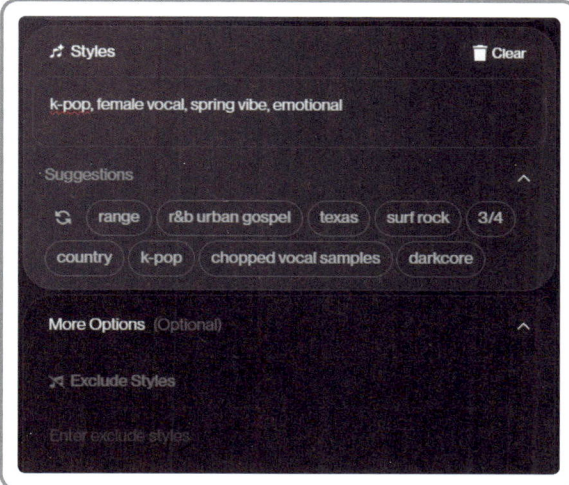

6
다음은 'Styles' 기능입니다. 원하는 분위기, 장르, 형식 등을 입력해 보세요. AI가 해당 스타일에 맞춰 곡을 생성해 줍니다.
록, 발라드, 재즈, EDM 등 다양한 장르도 자유롭게 선택할 수 있습니다.

> **TIP** SUNO에서 제시하는 예시 단어(메타태그)를 클릭해 간편하게 입력할 수 있고, 직접 텍스트로 입력하는 것도 가능합니다.

PART 4 생성형 AI **179**

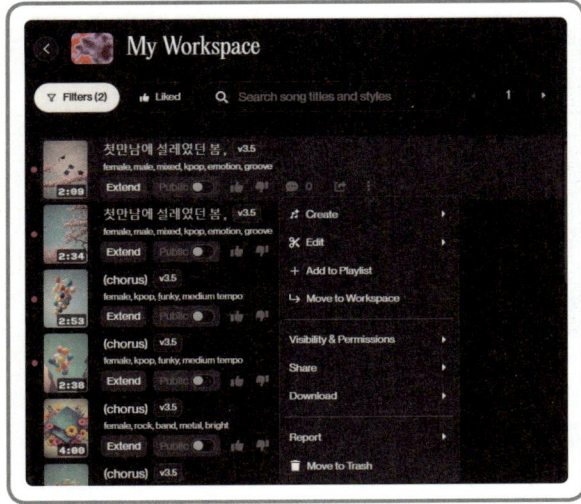

> **TIP**
> 곡 생성 시 10크레딧이 소모되며, 매일 50크레딧씩 자동으로 충전됩니다. 교육자 인증을 받은 후 무료 크레딧이 추가 제공됩니다.

7 [🎵 Create] 버튼을 클릭하면 두 곡이 생성됩니다.
오른쪽 My Workspace에서 곡을 확인한 후, 마음에 드는 곡을 선택하고 저장해 보세요. 생성된 곡 오른쪽 [점 세 개(⋮)] 클릭 – [Download] – [Mp3 Audio(음원 파일)] 또는 [Video(가사가 나오는 간단한 영상 생성)] 옵션을 선택할 수 있습니다. 또한 [점 세 개(⋮)] – [Share] – [Copy Link]를 클릭하면 공유도 가능합니다.

> **TIP** SUNO에서 사용할 수 있는 상황별 키워드 모음

장르	보컬 스타일	분위기/감정	계절/상황 테마
K-Pop	Female Vocal	Happy	Spring Vibe
Pop	Male Vocal	Sad	Summer Beach
Ballad	Duet	Romantic	Autumn Feeling
Hip-hop	Soft Vocal	Energetic	Winter Night
R&B	Powerful Vocal	Dreamy	Graduation
Rock	Child Voice	Nostalgic	School Life
Jazz	Robotic Voice	Emotional	Farewell
Lo-fi	Whispering Vocal	Chill	Birthday
EDM		Upbeat	Road Trip
House		Dark	Rainy Day
Techno		Calm	
Folk		Dramatic	
Classical		Bright	
Trap		Peaceful	

SUNO의 Exclude 기능

곡 생성시 원하지 않는 스타일, 장르, 악기, 보컬 유형 등 특정 요소를 배제(제외)하는 데 사용됩니다.

> **예시** "Exclude: Rap, Electronic, Robotic Voice" → 랩, 전자 음악 스타일, 로봇 목소리 제외
> "Exclude: Male Vocal" → 남성 보컬 제외
> "Exclude: Fast Tempo" → 빠른 템포 제외

자연스러운 음악 흐름을 유도하는 Song Form

일반적인 Song Form(가요 형식)은 다음과 같은 구조로 구성되며, 음악적 의도에 따라 일부 파트가 중복되거나 생략될 수 있습니다.

Verse 1(1절)	곡의 시작을 알리는 부분으로, 이야기를 풀어 가는 역할
Pre-Chorus(프리코러스)	후렴(Chorus)으로 넘어가기 전, 감정을 끌어올리는 부분 멜로디가 조금 더 변화하거나 긴장감을 높이는 역할
Chorus(후렴, 코러스)	곡에서 가장 강렬한 핵심 멜로디와 가사가 반복됨
Verse 2(2절)	1절에서 이어지는 이야기로 상황이 전개됨
Bridge(브릿지)	곡의 분위기를 잠시 전환하는 부분(후렴이 다시 나오기 전, 극적인 변화를 줌)
Final Chorus(마지막 후렴)	기존 코러스보다 감정을 극대화해 마무리

[Song Form에 맞게 만든 가사 예시]

Verse 1
이제 드디어 헤어질 시간이야
조만간 다시 만나자
3년이 지나고 졸업이 다가왔다
드디어 고등학생이야

Pre-Chorus
가까워진 졸업 멀어져 가 버린 기억
언젠가 떠오르겠지 이 추억
작별이 아닌 이별로 생각해 성장해
하나의 별로 더 밝게

Chorus
우리 함께 웃던 날들, 선명하게 남아
사진 속의 미소처럼 빛나
눈물 대신 웃음으로 인사할게
안녕, 또 다른 시작 앞에서

Verse 2
복도에 울려 퍼진 우리 발자국 소리
장난치던 말들 아직 귓가에 맴돌아
너와 나의 계절은 끝났지만
기억은 계속 노래할 거야

Bridge
시간이 흘러 멀어져도
어느 날 문득 떠오를 거야
그때의 우리, 그 순간의 꿈
영원히 가슴 속에 살아

Final Chorus
우리 함께한 시간, 별이 되어 반짝여
밤하늘 아래 다시 만날까
이 순간 작별 아닌 약속이야
하나의 별로 더 밝게, 더 멀리

SUNO의 심화 기능

SUNO는 기본 기능 외에 사용자의 창의성을 극대화할 수 있는 다양한 고급 기능을 제공합니다. 기능들은 주로 프리미엄 구독자 전용입니다.

1. 페르소나(Persona)
이 기능은 원하는 음악 스타일이나 분위기에 맞는 '가상 아티스트(페르소나)'를 생성해 해당 페르소나의 특색이 반영된 곡을 반복적으로 제작할 수 있다는 점이 장점입니다.

> 예 이번에 만든 곡이 마음에 드셨나요? 다음에도 같은 분위기로 곡을 만들고 싶을 때 활용해 보세요!

2. 익스텐드(Extend)
이미 생성된 곡의 길이를 늘리거나, 특정 부분을 확장해 더욱 풍성한 음악을 만들 수 있는 기능입니다.

> 예 짧게 만든 음악을 영상 길이에 맞게 늘리고 싶을 때 유용합니다!

3. 보컬 업로드(Vocal Upload)
자신의 목소리나 보컬 파일을 업로드하면, AI가 이를 분석해 음악에 적용하거나 보컬에 맞는 반주를 생성해 줍니다.

> 예 직접 부른 노래를 업로드해 반주를 만들거나, 기존 곡에 새로운 보컬 트랙을 추가해 창의적인 리믹스를 할 수 있습니다.

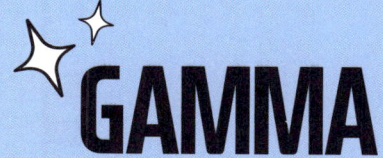

클릭 몇 번으로 완성되는 완벽한 AI 프레젠테이션

이렇게 활용해 보세요!	예시
AI 기반 프레젠테이션 생성 텍스트를 입력하면 발표 자료를 빠르게 만들수 있어요.	슬라이드 자동 생성, 보고서 내용을 발표 자료로 변환
문서 요약 및 시각화 긴 글을 간결하게 요약하고, 핵심 내용을 시각적으로 정리해요.	자료 요약, 보고서 내용 시각화
협업 기반 콘텐츠 작성 팀원과 함께 문서와 슬라이드를 실시간으로 작성하고 편집할 수 있어요.	수업 자료 공동 준비, 발표 슬라이드 분담 작성
링크 기반 공유 및 발표 모드 파일을 따로 저장하지 않아도 링크 하나로 쉽게 공유하고 발표할 수 있어요.	PPT를 링크로 공유, 발표 모드로 사용 가능

GAMMA 사용 방법

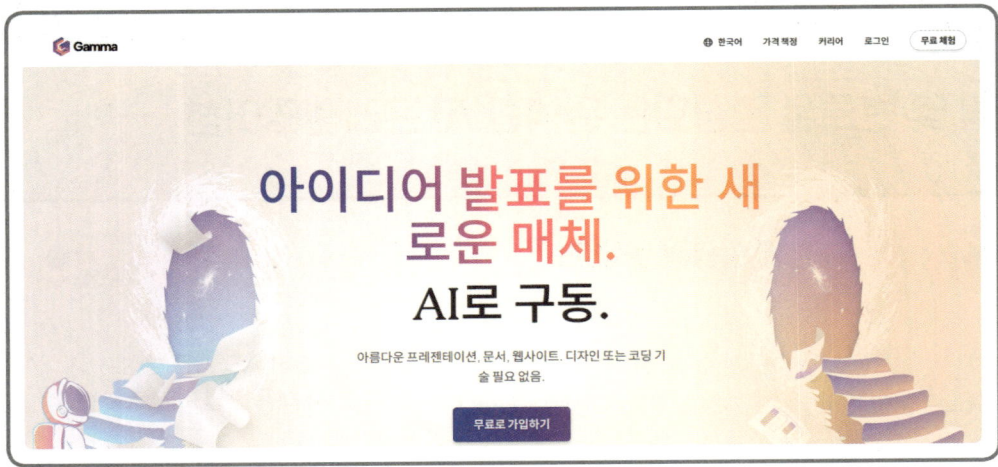

1 주소창에 https://gamma.app/을 입력하거나, 검색창에 '감마'를 검색해 접속합니다. 구글 계정으로 간편하게 로그인할 수 있습니다.

2 로그인 후 첫 화면에서 [새로 만들기 AI]를 클릭합니다. 가장 많이 사용하는 기능인 [텍스트로 붙여넣기]를 선택해 보세요.

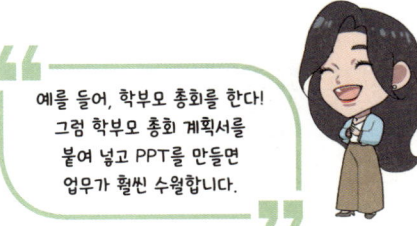

예를 들어, 학부모 총회를 한다! 그럼 학부모 총회 계획서를 붙여 넣고 PPT를 만들면 업무가 훨씬 수월합니다.

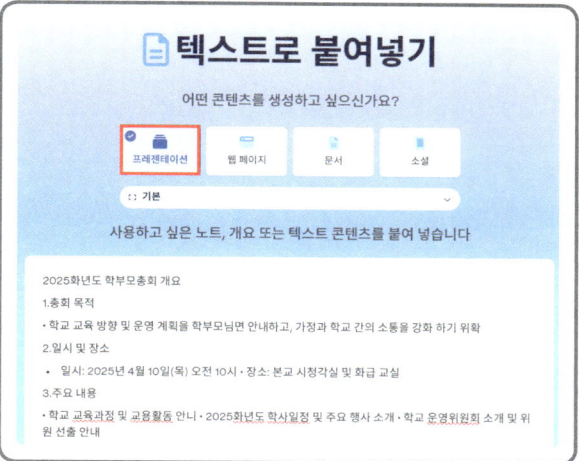

3

빈 칸에 PPT로 만들고 싶은 내용을 텍스트로 입력합니다.

그리고 중앙 하단에 [이 콘텐츠로 무엇을 만들고 싶으신가요?]에서 [프레젠테이션]을 클릭합니다.

 하단에서 페이지 스타일을 선택할 수 있습니다.
기본값인 [일반적]을 클릭하면, 파워포인트나 구글 슬라이드와 동일한 비율로 생성됩니다.

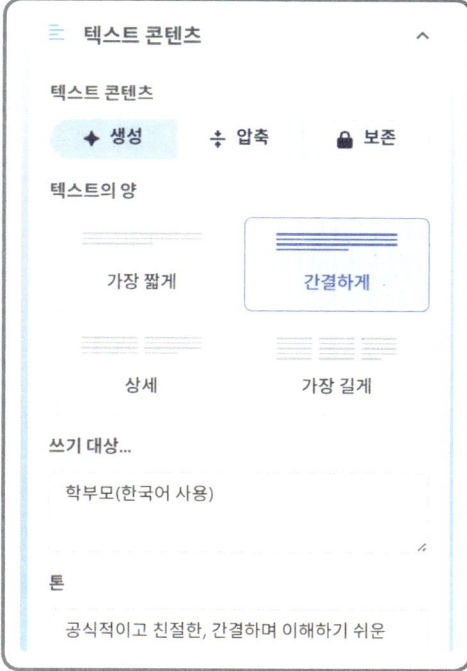

4

이제 프롬프트 편집 화면으로 넘어왔습니다.
여기서는 입력한 텍스트를 감마가 PPT 형식으로 변환할 수 있도록 프롬프트를 설정합니다.
화면 왼쪽의 [텍스트 콘텐츠] 항목에서는 입력한 글을 정리하는 방법을 선택할 수 있습니다.

✦ 생성	입력한 내용을 바탕으로 새로운 설명이나 요약 등 생성
↕ 압축	긴 문장을 간결하게 요약
🔒 보존	원문의 의미를 유지하며 더 자연스럽게 다듬기

이 외에도 [카드당 텍스트 양]과 [쓰기 대상], [톤] 등을 세부적으로 조정할 수 있습니다.

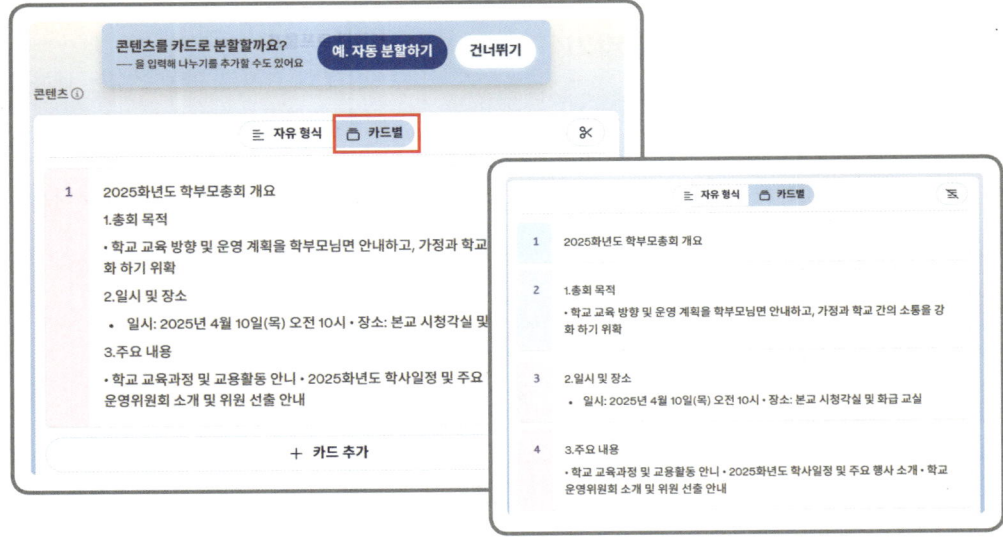

5 화면 중앙에는 이전 단계에서 입력한 텍스트가 나타납니다.
기본값은 [자유 형식]이지만, [카드별] 형식을 선택하면 슬라이드별 내용을 더 세밀하게 조정할 수 있습니다. [카드별] - [예, 자동 분할하기]를 클릭해 보세요. 입력한 내용이 주제에 맞게 자동으로 슬라이드가 나뉘며, 필요에 따라 수정도 가능합니다.
모든 설정을 마쳤다면, 하단의 [계속 40 →] 버튼을 눌러 결과물을 확인해 보세요.

6 다음 단계는 [테마 선택]입니다. 여기서 말하는 '테마'는 슬라이드의 디자인 스타일을 고르는 과정을 의미합니다. 오른쪽에 있는 다양한 테마 중 하나를 클릭하면, 왼쪽에 미리보기가 나타나 실제 슬라이드에 적용된 모습을 확인할 수 있습니다. 마음에 드는 테마를 선택한 후, [✦ 생성] 버튼을 클릭하면 테마 설정이 완료됩니다.

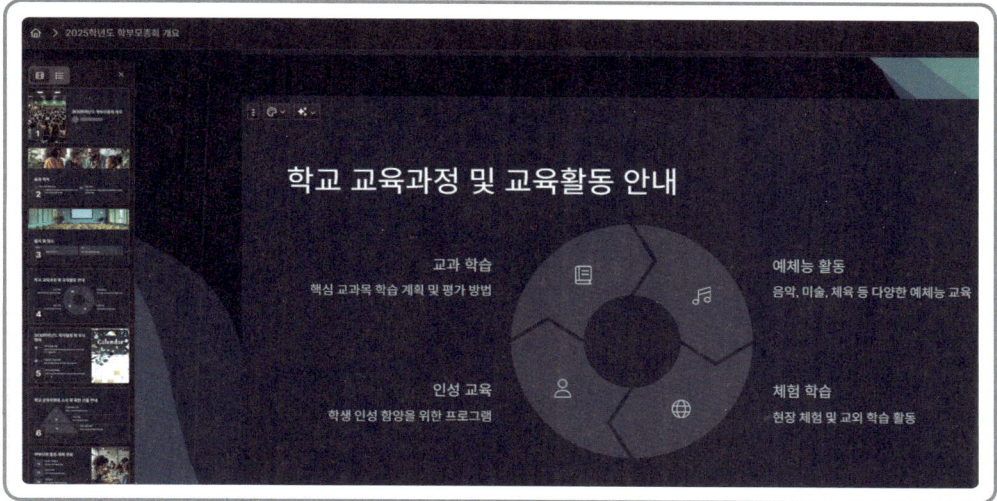

7 클릭 몇 번만으로도 세련된 PPT가 자동으로 완성됩니다. 만약 테마가 마음에 들지 않으면, 오른쪽 상단의 [테마] 버튼을 눌러 언제든지 다른 스타일로 변경할 수 있습니다.

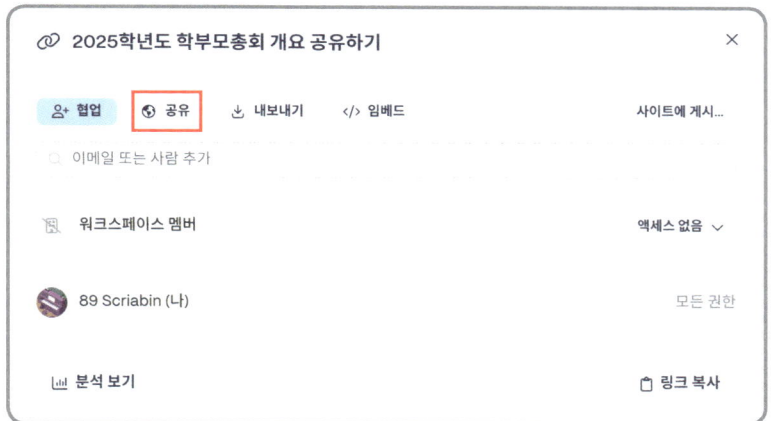

8 완성된 프레젠테이션을 공유하려면 오른쪽 상단의 [공유] 버튼을 클릭합니다. 클릭하면 아래와 같은 네 가지 옵션이 나타납니다.

협업	특정 사람을 초대해 함께 편집하거나 댓글을 달 수 있는 기능
공유	링크를 생성해 누구에게나 자료를 공유하는 기능
내보내기	PDF, 이미지 등의 형식으로 문서를 다운로드할 수 있는 기능
임베드	생성된 코드를 통해 블로그나 웹사이트에 문서를 삽입할 수 있는 기능

 감마의 구성과 인터페이스는 구글 문서 시스템과 매우 유사해 익숙하게 사용할 수 있습니다.

9

편집, 댓글, 보기 등 익숙한 표현들이지요? 구글 도구에서 자주 접했던 기능과 매우 유사합니다. 하지만 가끔 헷갈리는 부분이 있는데, 바로 [모든 권한]과 [편집]입니다.

이 둘의 공통점은 모두 문서 편집이 가능하다는 것입니다. 하지만 두 권한에는 다음과 같은 차이가 있습니다.

편집	문서 편집은 가능하나, 공유 설정은 변경할 수 없음 (다른 사용자 초대, 링크 권한 변경 등)
모든 권한	편집 권한 포함 공유 관리 권한까지 부여할 수 있음. 즉, 공동 관리자처럼 문서를 운영할 수 있는 권한을 의미함

 **GAMMA 활용 꿀팁 모음**

1. **GAMMA는 PPT만 만드는 도구가 아닙니다.**
   → 문서, 소개 페이지, 요약 카드 등 다양한 형식으로 활용할 수 있습니다.
2. **텍스트 입력 없이도 콘텐츠 생성이 가능합니다.**
   → 로그인 후 첫 화면에서 [AI로 새로 만들기] – [파일 또는 URL 가져오기]를 클릭하세요.
3. **무료 플랜은 한 프레젠테이션당 최대 10장의 슬라이드까지만 제작할 수 있습니다.**
   → 이 제한으로 인해 간단한 프레젠테이션에 특히 적합합니다. 더 많은 슬라이드를 원한다면 유료 플랜이 필요합니다.
4. **가입 시 기본 크레딧 400개가 제공됩니다.**
   → AI 생성 기능을 사용할 때 크레딧이 차감됩니다. 또한 친구를 초대하면 친구 1명당 크레딧 200개가 추가 제공됩니다.
5. **모바일에서도 GAMMA 사용이 가능하지만, PC와 노트북 환경이 훨씬 편리합니다.**
   → 모바일은 간단한 확인이나 뷰어 용도로 추천합니다.
6. **'문서형 보기(View as Doc)' 기능도 있습니다.**
   → 슬라이드 형식이 아닌 글 위주의 콘텐츠를 전달할 때는, 문서 보기로 전환하면 매우 깔끔합니다.

💬 학교 현장에서는 다양한 업무에 생성형 AI를 적극 활용하고 있어요. 문서 작성, 표현 수정, 공문 초안 작성 등 반복적이고 시간이 많이 소요되는 업무 속에서 든든한 조력자를 만난 듯한 느낌이 듭니다. 특히 가정 통신문이나 생활 기록부 특기 사항처럼 세심한 표현이 필요한 작업에서는 상황에 맞는 문장을 제안하고 자연스럽게 다듬어 주어 업무 효율이 눈에 띄게 높아졌어요.

예를 들어, '감마' 앱을 활용하면 복잡한 슬라이드를 손쉽게 구성할 수 있어 수업 자료 제작 시간이 줄고, 핵심 내용을 시각적으로 정리해 전달하기에도 좋아요. 생성형 AI는 학생의 수준과 이해도를 고려한 설명 조정이 가능해, 수준별 맞춤형 학습 자료 제작에도 효과적입니다.

이제 생성형 AI는 단순한 도구를 넘어, 교사와 함께 고민하고 아이디어를 나누는 진정한 협업 파트너로 자리를 잡아 가고 있는 것 같아요.

(경기 중학교 영어 교사, CHLOE)

💬 최근 수업이 끝난 후 한 학생이 다가와 질문을 했어요. 문제를 푸는 과정에서 생성형 AI를 활용해 정답은 찾았지만, 해설이 부족해 이해가 잘 되지 않는다며 저에게 설명을 요청했지요. 그 순간, 이제는 생성형 AI가 교사뿐만 아니라 학생들에게도 낯설지 않은 도구가 되었다는 것을 실감했습니다.

저 역시도 학교 공문서를 작성할 때 표현을 다듬기 위해 생성형 AI의 도움을 받곤 하는데, 앞으로 학교와 교실 안에서 이 도구가 더 다양하게 활용될 수 있겠다는 기대가 생기더군요. 다만, 언제 어디서 누구나 쉽게 접근할 수 있다는 장점 이면에, 학생들이 생성형 AI가 제공하는 정보를 비판 없이 받아들이지는 않을까 하는 걱정도 있어요. 결국 중요한 것은 교사인 우리가 생성형 AI를 올바르게 이해하고 활용할 수 있도록 학생들을 이끌 수 있는 역량을 갖추는 일이라고 생각합니다.

(경기 중학교 사회 교사, 뽀랄라)

💬 2년간의 육아 휴직 후 복직했을 때, 여러모로 어려움이 있었지만 생성형 AI 덕분에 교사로서 정말 많은 도움을 받고 있어요. 교사는 수업뿐만 아니라 공문서 작성, 학생 기록 작성, 학급과 동아리 운영, 상담과 생활 지도까지 다양한 업무를 동시에 수행해야 하기에, 생성형 AI는 '효율적인 비서' 역할을 톡톡히 해 주고 있습니다.

저는 특히 수업과 평가 준비에 AI를 많이 활용해요. 예를 들어, 중학교 과학 개념을 선행 내용 없이 학생들이 쉽게 이해할 수 있도록 여러 가지 설명 방식을 ChatGPT에 물어보고, 그중에서 우리 학교 상황과 학생 수준에 맞게 내용을 재구성해 수업 자료를 만듭니다. 학생들이 자주 혼동하는 개념도 미리 파악해 수업할 때 강조해 주면 확실히 이해도가 높아지더라고요.

학생 상담이나 생활 지도 준비에도 AI의 도움을 받습니다. 상담 전 어떤 질문을 할지, 어떤 말로 조언하면 좋을지를 ChatGPT에 물어보며 아이디어를 얻고, 적절한 표현을 제안 받아 학생과 긍정적인 관계를 유지하며 생활 지도를 할 수 있습니다.

또한 동아리 운영에서는 신입생 선발 면접 질문 초안을 작성할 때 ChatGPT를 활용해 공정하면서도 다양한 질문을 준비할 수 있고요. 이처럼 생성형 AI는 교사가 혼자 감당하기 어려운 일들을 덜어 주며, 그만큼 학생들에게 더 집중할 수 있도록 도와주는 든든한 도구입니다. 앞으로도 이렇게 조금씩 활용 범위를 넓혀 나가면 좋겠다는 생각이 듭니다.

(경기 중학교 과학 교사, 어메이징)

① 에듀테크 활용 사례
② 에듀테크 활용 능력 검정시험
③ 참고할 만한 유튜브 채널 목록

부록 1 에듀테크 활용 사례

구글 사이트 도구 활용 사례

• 온라인 교무일

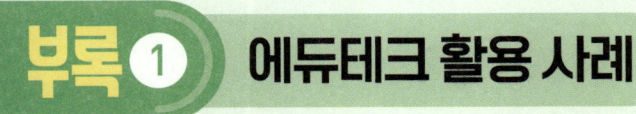

· **교육과정 박람회**

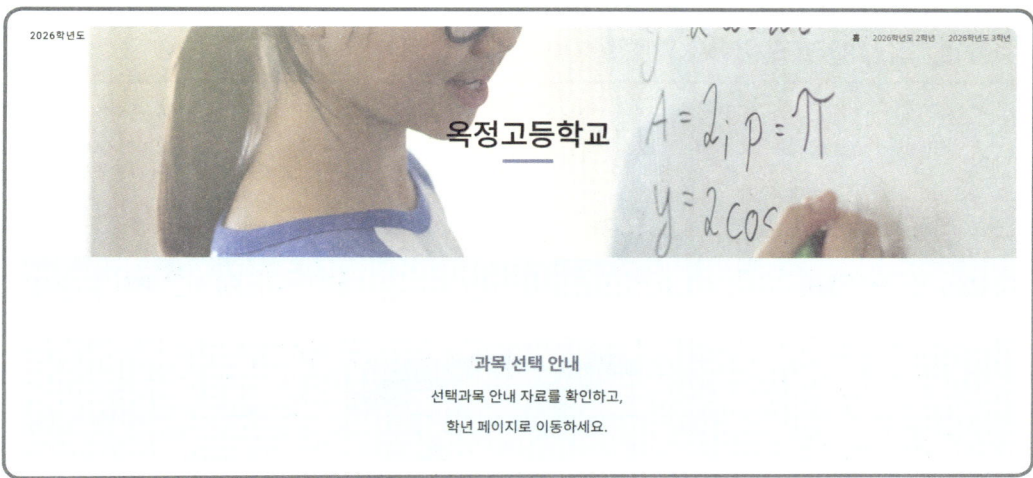

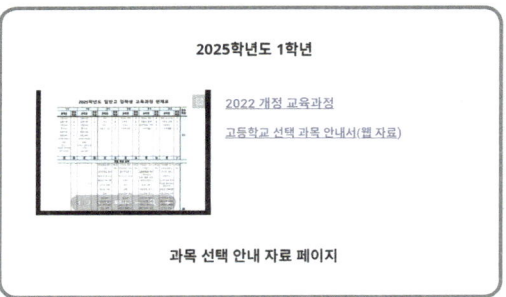

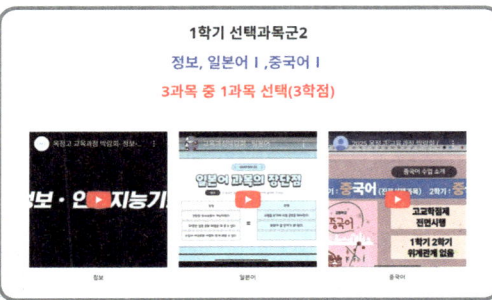

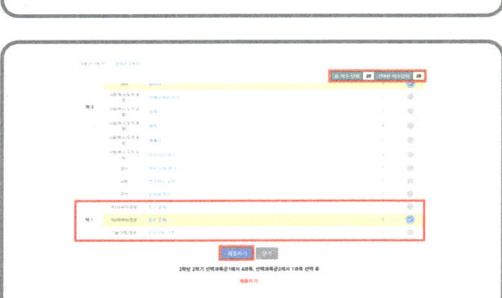

부록 193

투닝 활용 사례

- 교과 내용 정리: 우리나라의 주요 악기상(惡氣象) 관련 웹툰(1)

· 교과 내용 정리: 우리나라의 주요 악기상(惡氣象) 관련 웹툰(2)

· 교과 내용 정리: 작곡가 웹툰

ZEP 활용 사례

• 메타버스 전시회: 교육과정 박람회

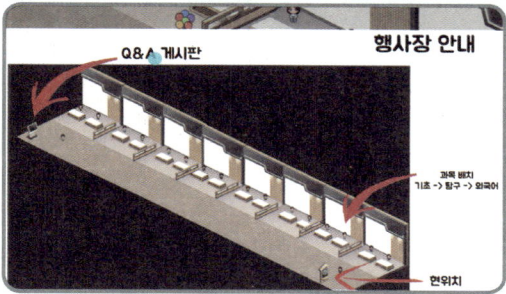

경제 과목에 대한 소개

경제라는 과목은 경제학에 대한 기본 지식과 경제 활동 및 현상에 대한 이해를 기르기 위한 다양한 개념, 이론을 배우며, 현실과의 관계성을 분석하는 능력을 키워주는 과목입니다. 이를 통해 경제과목은 기본 경제 원리에 대한 이해와 현대사회의 경제활동 및 재정정책에 대한 이해와 함께 경제활동에 대한 깊은 통찰력을 얻게 해줍니다.

• 온라인 과학 실험

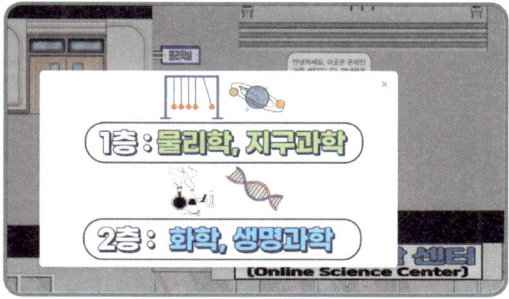

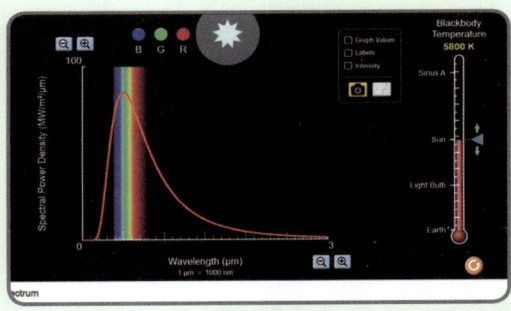

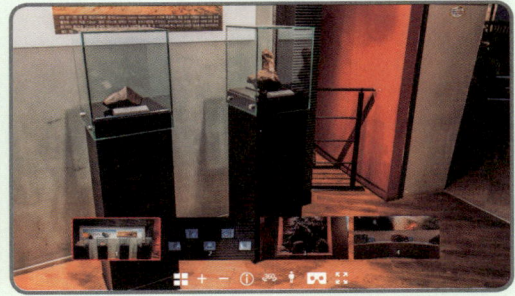

· 메타버스 전시회: 프로젝트 수업 전시회

에듀테크 활용 능력 검정시험 (총 10문항)

학교 (   )   닉네임 (   )   담당 과목 (   )   점수 (   )점

1. [패들렛(Padlet)]의 정체는 무엇일까?

① 나에게 중요하지 않다.
② 온라인에서도 붙일 수 있는 디지털 포스트잇 게시판!
③ 구글 문서처럼 여러 명이 하나의 글을 쓰는 협업 도구
④ 숫자 돌려보는 맛이 있는 데이터 분석 툴
⑤ 객관식 넣고 점수 매기는 시험지 제작기

3. [띵커벨(ThinkerBell)]의 주된 기능으로 가장 알맞은 것은?

① 퀴즈하고 토론하며, 수업 분위기 띄우는 학생 참여형 플랫폼
② 친구랑 같이 글 쓰는 협업 문서 도구
③ 사진 자르고 필터 넣는 이미지 편집 툴
④ 파일 잔뜩 쌓아 두는 클라우드 저장소
⑤ 시험 보고 채점까지 한번에 되는 평가 시스템

2. [아이스크림툴킷]이 쓰기 좋은 이유가 <u>아닌</u> 것은?

① 학급 경영 꿀템이라서
② 무료로도 쓰기 좋아서
③ 생성형 AI로 PPT를 만들 수 있어서
④ 배우지 않아도 할 수 있을 만큼 쉬워서
⑤ 한 사이트 안에 여러 가지 기능이 모여 있어서

4. 교사 관점에서 [멘티미터(Mentimeter)]가 가장 사랑스러운 순간은?

① 수업 PPT를 제작하지 않아도 될 때
② "선생님, 이거 재밌어요!"라는 반응이 나올 때
③ 아무도 손 들지 않았는데, 화면이 가득 찰 때
④ 기기 문제없이 모든 학생이 순조롭게 참여할 때
⑤ 공개 수업 때, 한 방으로 분위기 띄울 때

5. [페어덱(Pear Deck)]을 수업에서 활용할 때 교사가 자주 외치는 말이 <u>아닌</u> 것은?

① 수업 시작 전에 링크를 배부하면 됩니다.
② 잠깐, 선생님이 지금 응답 창을 확인하고 있어요.
③ 응답 안 한 친구 누구야?
④ 지금 슬라이드 닫았습니다. 더 이상 못 써요!
⑤ 이 기능은 프리미엄 기능이라….

6. 다음은 선생님들이 구글 도구에 관해 이야기하는 장면입니다. 이 중에서 <u>잘못</u> 말한 사람은 누구일까?

 교감님: 이번에 정보부장이 구글 시트 기반으로 우리 학교 온라인 교무실을 만든다면서요?

 교육과정부장: 좋네요! 학사 일정도 넣어야겠어요. 실시간 저장되니까 메신저로 '최종', '최최종(진짜)' 파일 안 보내도 되네요. 꺄~

 교육연구부장: 근데 누가 실수로 없애 버리면, 완전히 삭제되잖아요. 복구 불가~ 큰일인데!

 교육정보부장: 걱정 마세요! 누가 언제 뭘 고쳤는지도 확인 가능하고, 그때 버전으로 돌려놓을 수도 있으니까요.

 학생생활부장: 만약 걱정되면 시트에 권한 설정해 두면 되죠. 그럼, 범인(?)도 못 건듭니다!

 교무기획부장: 생기부 점검할 때 체크리스트 만들어야겠네요. 실시간으로 누가 했는지 안 했는지 보일 테니 독촉하기 딱이네요.

① 교육과정부장
② 교육연구부장
③ 교육정보부장
④ 학생생활부장
⑤ 교무기획부장

7. [다했니? 다했어요!] 도구에서 학생이 다 했어요! 버튼을 누르면?

① 종소리가 울린다.
② 자동으로 다음 차시로 넘어간다.
③ 정답이 나타난다.
④ 과제가 제출된다.
⑤ 쿠키가 생성된다.

9. 다음 중 교사가 에듀테크 도구를 처음 도입할 때 도움이 되지 <u>않는</u> 것은?

① 동료 고수 선생님께 조언을 구하는 용기
② 수업 전 최소 2번 이상 연습하는 준비성
③ 시행착오를 인정하고 개선하고자 하는 뚝심
④ 모든 기능을 한번에 다 쓰겠다는 마음가짐
⑤ 나와 학생들의 수준을 고려해 쉬운 도구, 간단한 활동을 고르는 지혜로움

8. 다음 중 [캔바(Canva)]를 사용한 교사의 후기로 적절한 것은?

① "여기 있는 그림, 영상, 음악… 진짜 다 써도 돼요? 정말요?"
② "PTP는 되는데 영상은 못 만들더라고요?"
③ "학생 출석 체크도 자동으로 해 줘요. 완전 출결 왕!"
④ "캔바로 문서 공동 작업은 안 돼서 혼자 다 했어요."
⑤ "3D 메타버스 공간도 꾸밀 수 있더라고요!"

10. 다음 중 교사가 에듀테크 수업에 실패한 후 가져야 할 바람직한 생각은?

① 이건 도구 탓이야. 도구가 별로라~
② 역시 나는 모태 아날로그인이야….
③ 괜한 걸 시도해서 고생만 했네!
④ 괜찮아! 모든 전문가도 처음엔 초보였어!
⑤ 전통 수업이 최고야. 이번이 처음이자 마지막 에듀테크 수업이었어.

수고 많으셨습니다!

정답 : ② ③ ① ③ ① ② ④ ① ④ ④

부록 3 참고할 만한 유튜브 채널 목록

인천광역시교육청교육연수원
https://www.youtube.com/@ieti

약 1만 명의 구독자를 보유한 채널로, 교사를 위한 짧은 연수 콘텐츠부터 교육 철학을 다룬 심화 영상까지 다양한 주제를 폭넓게 소개합니다.

열정김선생
https://www.youtube.com/@tv2785

구글 이노베이터 출신 중등 교사가 운영하는 채널로, 실제 수업에 바로 적용할 수 있는 디지털 도구 활용법과 실천적인 교육 노하우를 담고 있습니다.

지아이에듀테크
https://www.youtube.com/@giedutech

교육 현장에서의 디지털 도구 활용뿐만 아니라, 일상생활 속에서의 응용법까지 아우르는 폭넓은 주제를 다루고 있습니다.

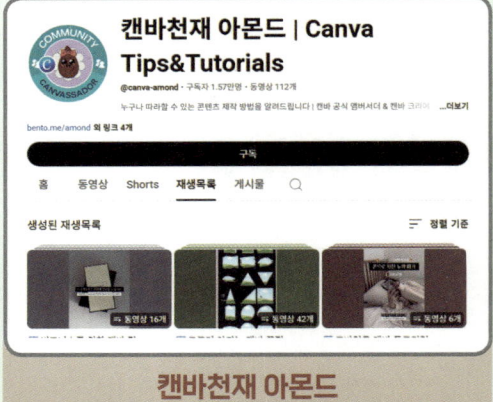

캔바천재 아몬드
https://www.youtube.com/@canva-amond

디자인 초보자부터 중급자까지 활용할 수 있도록, 캔바의 다양한 기능과 활용법을 깊이 있게 다루는 실용적인 채널입니다.

세종특별자치시교육청 스마트클라스
https://www.youtube.com/@세종특별자치시교-c7b

에듀테크 기반 수업에 필요한 자료들이 체계적으로 정리되어 있으며, 실제 수업 사례 중심으로 구성되어 있어 현장 교사에게 실질적인 도움이 됩니다. 약 1만 명의 구독자를 보유한 채널로, 교사를 위한 짧은 연수 콘텐츠부터 교육 철학을 다룬 심화 영상까지 다양한 주제를 폭넓게 소개합니다.

오빠두엑셀
https://www.youtube.com/@Oppadu

약 158만 명의 구독자를 보유한 이 채널은 엑셀을 중심으로 노션, 캔바, AI 도구 등 다양한 주제를 폭넓게 다루며, 실무에 능숙한 중급자에게 특히 유용한 콘텐츠를 제공합니다.

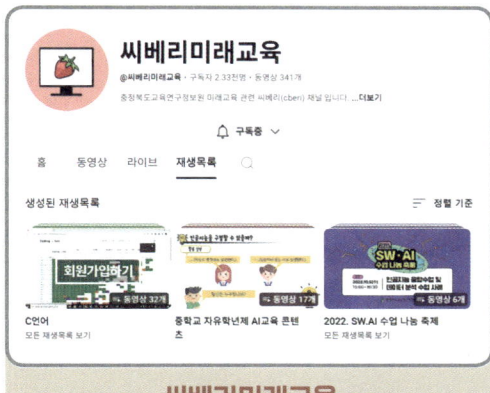

씨베리미래교육
https://www.youtube.com/@씨베리미래교육

충청북도교육연구정보원에서 운영하는 공식 채널로, 진로 교육, 온라인 수업, 교과 수업 등 교육 전반에 걸친 다양한 콘텐츠를 제공합니다.

디지털거북이
https://www.youtube.com/@digital_turtle

디지털 도구 사용이 익숙하지 않은 초보자에게 적합한 채널로, 에듀테크뿐 아니라 생활 밀착형 디지털 활용법을 중심으로 구성되어 있어 누구나 쉽게 접근할 수 있습니다.

Foreign Copyright: Joonwon Lee   Mobile: 82-10-4624-6629
Address: 3F, 127, Yanghwa-ro, Mapo-gu, Seoul, Republic of Korea
         3rd Floor
Telephone: 82-2-3142-4151
E-mail: jwlee@cyber.co.kr

쉽게 배우고 바로 쓰는
에듀테크 첫걸음

2025. 11. 5. 초 판 1쇄 인쇄
2025. 11. 12. 초 판 1쇄 발행

지은이 | 조종현, 박미지, 김승길
펴낸이 | 이종춘
펴낸곳 |  ㈜도서출판 **성안당**

주소 | 04032 서울시 마포구 양화로 127 첨단빌딩 3층(출판기획 R&D 센터)
     | 10881 경기도 파주시 문발로 112 파주 출판 문화도시(제작 및 물류)
전화 | 02) 3142-0036
     | 031) 950-6300
팩스 | 031) 955-0510
등록 | 1973. 2. 1. 제406-2005-000046호
출판사 홈페이지 | www.cyber.co.kr
ISBN | 978-89-315-8587-2 (03370)
정가 | 18,000원

이 책을 만든 사람들
책임 | 최옥현
진행 | 오영미
교정·교열 | 구민희
본문·표지 디자인 | 피리어드디자인
홍보 | 김계향, 임진성, 김주승, 최정민, 이해솜
국제부 | 이선민, 조혜란
마케팅 | 구본철, 차정욱, 오영일, 나진호, 강호묵
마케팅 지원 | 장상범
제작 | 김유석

이 책의 어느 부분도 저작권자나 BM ㈜도서출판 **성안당** 발행인의 승인 문서 없이 일부 또는 전부를 사진 복사나 디스크 복사 및 기타 정보 재생 시스템을 비롯하여 현재 알려지거나 향후 발명될 어떤 전기적, 기계적 또는 다른 수단을 통해 복사하거나 재생하거나 이용할 수 없음.

■ 도서 A/S 안내

성안당에서 발행하는 모든 도서는 저자와 출판사, 그리고 독자가 함께 만들어 나갑니다.
좋은 책을 펴내기 위해 많은 노력을 기울이고 있습니다. 혹시라도 내용상의 오류나 오탈자 등이 발견되면 **"좋은 책은 나라의 보배"**로서 우리 모두가 함께 만들어 간다는 마음으로 연락주시기 바랍니다. 수정 보완하여 더 나은 책이 되도록 최선을 다하겠습니다.
성안당은 늘 독자 여러분들의 소중한 의견을 기다리고 있습니다. 좋은 의견을 보내주시는 분께는 성안당 쇼핑몰의 포인트(3,000포인트)를 적립해 드립니다.
잘못 만들어진 책이나 부록 등이 파손된 경우에는 교환해 드립니다.